レベル、食べる？

神楽坂 **LEVEL**

四季の料理

大久保修平
白神美紀

虹有社

神楽坂 LEVEL へ
ようこそ

こんばんは。
こちらのお席へどうぞ。

　LEVEL（レベル）は日本とフランスの料理とワインのお店。日本
情緒が残るグルメな街、神楽坂の星付きレストラン……の隣で営む、
ちいさなお店です。日本食の出汁やうま味を生かして、肩肘張らずに
ワインと楽しめるような、優しい味わいの料理を提供しています。

　私たちが料理を考案する際に大切にしているのは「季節感」です。
　目まぐるしく過ぎてゆく日常の中で、季節の節目を感じられるのが、
食材の"旬"だと思います。料理をお召し上がりいただいて、日々の
季節の移ろいを感じていただけるとうれしいです。
　店のメニューを開いたら、目に飛び込む旬の食材たち。
「あれも食べたいし、これも食べたい。あぁ、選べない！」
　そう言ってお客さまが笑顔で悩んでくださるのが、私たちにとって
も幸せなのです。

本書は、春・夏・秋・冬と章を立て、四季のレシピを掲載いたしました。スープ、冷菜、温菜、メインディッシュの順に、店で好評だったレシピをベースにして、ご家庭でも作りやすい分量に書き起こしてあります。

　パパッと手軽にできるものから、エプロンを結んで気合を入れて臨むものまで全60品。正直、ほとんどのレシピが少しの手間と時間がかかります。それでも頑張った分の、うれしい楽しい、おいしい幸せを必ずお約束します。

　盛りを迎えた食材は、本当にパワーに満ち満ちています。その季節しか食べられない特別感と喜びを、五感を総動員して味わったら、きっと心の底からぽかぽかと温かい気持ちになることでしょう。

　旬の食材に触れておいしく味わうことで、健やかに日々を過ごす。そのためのお力添えができれば、私どもにとって最高の誇り、最大の喜びです。

　それではどうぞ、ごゆっくりとお楽しみください。

神楽坂 LEVEL

大久保修平　白神美紀

Contents

神楽坂 LEVEL へようこそ　　3

【この本の使い方】
● 小さじ 1=5㎖、大さじ 1=15㎖、1 カップ =200㎖です。
● 「適量」は、ちょうど良いと感じるお好みの量です。
● コンロの火加減と加熱時間、およびオーブンの温度と焼き時間は目安です。使用する調理器具によって
変わりますので、様子を見てそれぞれ調整してください。
● レシピの「バター」は、全て食塩不使用のものです。
● 料理工程を説明する写真の分量は、レシピの分量とは異なる場合があります。

春の料理

新緑が芽吹き、晴れやかな新生活が始まる季節。
菜の花やたけのこ、ふきのとうに代表される山菜など、
新しい命の息吹を感じるうららかな 14 品の春レシピ。
「春ですね」と声にしたくなるような味わいです。

スープ

アスパラガスのポタージュ

冷　菜

菜の花とミモレットチーズのミモザサラダ

生ハムに苺のコンフィチュールとセルヴェル・ド・カニュ

春野菜のテリーヌ

蛍烏賊と筍の木の芽味噌和え

赤貝と蕗の青煮と三つ葉の黄身酢がけ

桜鯛の昆布〆カルパッチョ　春キャベツと新生姜のマリネ

温　菜

ハマグリとこごみと桜花のワイン蒸し

豚もも肉とクレソンの香味葱ソース

鰆とふきのとう味噌のはさみ揚げ

スナップエンドウと新玉ねぎのキッシュ

さくら鱒のグリル　生海苔クリームソース

ホワイトアスパラガスのグリル

シェーブルチーズとそら豆のソース

メインディッシュ

仔羊のグリル　新じゃが芋と芽キャベツの素揚げ

みずみずしい春の息吹をいただきます

ゆでたてをマヨネーズで……んまい！　ではレシピ本になりませんので（笑）。
ポタージュにするときは皮付きのまま、くたくたに煮るのがポイント。
爽やかな香りとほのかな甘味が気持ちを明るくしてくれます。
いくつになっても青い春はやってくる。

アスパラガスのポタージュ

材料（作りやすい分量）
アスパラガス …… 6 本
玉ねぎ …… 1/2 個
ベーコン …… 30g
水 …… 3/4 カップ
牛乳 …… 1 カップ
生クリーム …… 大さじ 1
サラダ油 …… 大さじ 1
塩 …… 適量

1 材料の準備
アスパラガスは穂先を切り分け、ゆでて縦半分に切り、飾り用に別に取っておく。残りは根元の硬いところを落として、皮ごと 3cm 長さに切る。玉ねぎは薄切り、ベーコンは短冊切りにする。

2 スープを作る
鍋にサラダ油を入れて中火にかけ、玉ねぎをしんなりするまで炒め、ベーコンを加えてさらに炒める。全体に火が通ったら水を加え、沸騰したらアスパラガスを入れて、弱火にしてやわらかくなるまで煮る。粗熱をとってミキサーに移し、牛乳、生クリーム、塩を加えて、滑らかになるまで攪拌する。
＊スープを色鮮やかに仕上げるために、アスパラガスは煮過ぎないよう注意してください。

3 仕上げ
スープを鍋に移して弱火で温め、器に盛り付け、穂先を飾る。

感謝の気持ちをひと皿に込めて

ほろ苦い菜の花は、春の訪れを告げる旬の食材です。
「ミモザの日」に贈られるミモザの花言葉は「感謝・思いやり」、
刻んだゆで卵とミモレットチーズがぽんぽんとミモザの花のよう。
いつもおいしい笑顔をありがとう。

菜の花とミモレットチーズのミモザサラダ

材料（2人分）

菜の花 …… 1/4 束
グリーンピース（さや付き）
　　…… 1/4 パック
グリーンカール、フリルレタスなど
　　お好みの葉野菜 …… 合わせて 100g
卵 …… 1 個
レモンドレッシング（下記参照）
　　…… 適量
ミモレットチーズ …… 適量

1 材料の準備

菜の花は熱湯で色よくゆでて冷水に取り、水気を絞って
3cm長さに切る。グリーンピースはさやから出して、熱
湯で数分やわらかくなるまでゆで、冷水に取り水気をき
る。グリーンカールとフリルレタスは、食べやすい大き
さにちぎる。

2 ゆで卵の準備

沸騰した湯に卵を入れて 12 分ほどゆで、冷水に取り、
殻をむいて白身と黄身に分け、細かく切る。

3 仕上げ

菜の花、グリーンカール、フリルレタスを皿に盛り付け、
グリーンピースを散らす。レモンドレッシングをかけて、
ゆで卵を散らし、ミモレットチーズを削りかける。

▋ レモンドレッシング

夏のサラダ（P43）、秋のサラダ（P73）とカナッペ（P81）
にも登場する万能ドレッシングです。

材料（作りやすい分量）

A ┌ 玉ねぎ（すりおろし）…… 大さじ 3
　├ にんにく（すりおろし）…… 適量
　├ 砂糖 …… 小さじ 1/2
　├ 塩 …… 小さじ 2/3
　├ レモン汁 …… 大さじ 1
　└ 白ワインビネガー …… 大さじ 1
サラダ油 …… 大さじ 2

作り方

ボウルに A を入れて、泡立て器で
よく混ぜ、塩が溶けたら、サラダ
油を少しずつ加えながら混ぜる。

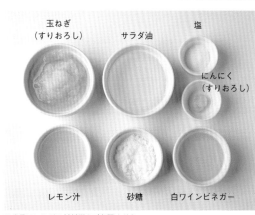

玉ねぎ
（すりおろし）　サラダ油　塩

にんにく
（すりおろし）

レモン汁　砂糖　白ワインビネガー

※分量はレシピの材料欄をご参照ください

いちごいちご。ルンルン♪　いちご

みんな大好きないちごと生ハムでおしゃれな前菜はいかが？
「セルヴェル・ド・カニュ」は美食の街リヨンの伝統料理。
フロマージュ・ブランにハーブの香りが食欲をかき立てます。
お花見にもぴったりのひと皿です。

生ハムに
苺のコンフィチュールと
セルヴェル・ド・カニュ

材料（2人分）
生ハム …… 適量
いちご …… 2個

【いちごのコンフィチュール】（作りやすい分量）
いちご …… 1/2パック
グラニュー糖 …… 大さじ5
レモン汁 …… 大さじ1
赤ワイン …… 大さじ1

【セルヴェル・ド・カニュ】（作りやすい分量）
フロマージュ・ブラン …… 100g
セルフィーユ
ディル　　　お好みのハーブ
タイム　　　（細かいみじん切り）
シブレットなど　…… 合わせて小さじ2
エシャロット（細かいみじん切り）…… 小さじ1
にんにく（すりおろし）…… 適量
白ワインビネガー …… 数滴
オリーブオイル …… 数滴
塩 …… 適量
黒こしょう …… 適量

1 いちごのコンフィチュールを作る
いちごはへたを取り、大きいものは半分に切って鍋に入れ、グラニュー糖をまぶして数時間置いておく。水分が出てきたら、レモン汁と赤ワインを加えて中火にかけ、沸騰したら弱火にして、アクを取りながら20分ほど煮詰める。

2 セルヴェル・ド・カニュを作る
ボウルにセルヴェル・ド・カニュの全ての材料を入れて混ぜ合わせる。

3 いちごの準備
いちごのへたを取り、四つ割りにする。

4 仕上げ
皿に生ハムを並べて、セルヴェル・ド・カニュをのせ、いちごといちごのコンフィチュールを添える。

シブレット　ディル　タイム　セルフィーユ

2

15

一度は作りたい。褒められたい

たくさんの野菜が華やかで美しいテリーヌ。
自宅でのパーティやおもてなし料理としても最高の一品です。
大丈夫。丁寧に下準備を重ねれば、きれいにできあがります。
キラキラと万華鏡のように輝く断面にうっとり。

春野菜のテリーヌ

※下ごしらえ見本。数量はレシピの材料欄をご参照ください

材料

（24 × 8 ×高さ 6cm のパウンド型 1 台分）

レタス …… 6 枚
ヤングコーン …… 8 本
アスパラガス（緑・白）…… 各 2 本
さやいんげん …… 4 本
さやえんどう …… 6 枚
ブロッコリー …… 1/2 個
にんじん（オレンジ・黄）…… 各 1 本
紅芯大根 …… 1 個
パプリカ（赤・黄）…… 各 1 個
ミニトマト …… 24 個
ふき …… 1/2 本

ゼラチン …… 10g
水 …… 1/4 カップ
出汁 …… 1 カップ
塩 …… 小さじ 1 強
しょうゆ …… 小さじ 1/3 弱

ハーブ …… 適量
塩（仕上げ用）…… 適量
オリーブオイル …… 適量

※野菜の数量は目安です。物によって大きさが変
　わるので、それぞれ調整してください。

1 材料の準備

レタスは熱湯で色よくゆで、冷水に取り水気をきっておく。ヤングコーンはそのまま、アスパラガスは根元の皮をむき、さやいんげんとさやえんどうは筋取りをして、ブロッコリーは小房に分け、にんじんと紅芯大根は皮をむいて、それぞれやわらかくなるまでゆで、冷水に取り水気をきっておく。パプリカは縦半分に切って種を取り、220℃に予熱したオーブンで 15 分ほど皮が浮き上がるまで焼き、冷水に取り皮を除く。ミニトマトは湯むきしておく。ふきは塩（分量外）をかけて板ずりして、熱湯で数分ゆで、冷水に取り、皮と筋を取る。

2 型にはめる準備

にんじん、紅芯大根を 1cm 角の棒状に切る（にんじんは 4 列分、紅芯大根は 2 列分準備する）。パウンド型にラップを敷き、レタスを型に沿ってはみ出すように敷いておく。

3 出汁の準備

ゼラチンを分量の水でふやかしておく。鍋に出汁を入れて温め、塩としょうゆで味を付けたところに、ふやかしておいたゼラチンを加えて溶かす。

＊ゼラチンは、いろいろな種類があるので、お使いになるゼラチンに合わせて分量を変えて、硬さを調整してください。

4 型にはめる

レタスを敷いた型に、ゼラチンを溶かした出汁と野菜を、断面の仕上がりを考えながら、交互に詰めていく。型いっぱいに野菜が入ったら、はみ出しておいたレタスでふたをするようにして形を整え、残った出汁を上からかけ、上面にピッタリとラップをして冷蔵庫で冷やし固める。

＊出汁が全体に行きわたるように詰めていきます。

5 仕上げ

ラップごと型から取り出してそのまま切り分け、皿に盛り付けてラップを外す。ハーブを添えて、塩を振り、オリーブオイルをかける。

ぷっくりにょっきり。海から山から春が来た

身がしっかり詰まったほたるいかは、この季節だけのぜいたく。
春の喜び、旬の輝きをひと皿に詰め込んだレシピです。
ウェルカム！　ようこそ割烹「わが家」へ。

蛍烏賊と筍の木の芽味噌和え

材料 （作りやすい分量）
ほたるいか（ボイル）…… 10〜15匹
たけのこ（小・ゆでたもの）…… 1本
A ┌ 出汁 …… 1カップ
　├ みりん …… 大さじ1
　└ しょうゆ …… 大さじ1

【木の芽みそ】（作りやすい分量）
木の芽 …… 10枚くらい
西京みそ …… 大さじ3
酒 …… 小さじ2
みりん …… 小さじ1
砂糖 …… 小さじ2

1　たけのこの調理
たけのこは穂先を切り分け、食べやすい大きさに切る。
残りは1cm角に切る。鍋にたけのことAを加えて中火に
かけ、沸騰したら弱火にして5分ほど煮て冷まし、ざる
に上げて汁気をきる。

2　ほたるいかの準備
ほたるいかは目と口、軟骨を取り除いておく。

3　木の芽みそを作る
鍋に酒、みりん、砂糖を入れてひと煮立ちさせ、西京
みそに加えてのばしておく。木の芽は飾り分を残して
軸を取り除き、すり鉢ですり、のばしたみそを加えて
さらにすり混ぜる。

4　仕上げ
たけのこを木の芽みそ適量であえて、ほたるいかと一
緒に皿に盛り付け、木の芽を飾る

咲いた咲いた。"あか・あお・きいろ"

旬の赤貝は甘味が増して、いっそうおいしくなります。
黄身酢は冷えると固まるので、少しゆるめに湯煎するのがポイント。
気の利いた小鉢ひとつで、今夜もごきげん晩ご飯。

赤貝と蕗の青煮と三つ葉の黄身酢がけ

材料（2人分）

赤貝（刺身用）…… 2個分
ふき …… 1本
A 「 出汁 …… 1カップ
　　みりん …… 小さじ1
　　しょうゆ …… 小さじ1
　└ 塩 …… 適量
三つ葉 …… 1/2束

【黄身酢】（作りやすい分量）

卵黄 …… 1個
白ワインビネガー …… 大さじ1強
みりん …… 小さじ1強
砂糖 …… 小さじ1
塩 …… 適量

1 **ふきの青煮を作る**
ふきを鍋に入る大きさに切り、塩（分量外）で板ずりをする。沸騰した湯で数分ゆでて冷水に取り、筋を取り除き3cm長さに切る。鍋にAを入れて中火にかけ、沸騰したらふきを入れて、再沸騰したら火を止めて冷ます。

2 **三つ葉と赤貝の準備**
三つ葉は根を落とし、沸騰した湯でサッとゆで、冷水に取り、水気をきって2束に分け、それぞれゆるく結ぶ。赤貝は食べやすい大きさに切る。

3 **黄身酢を作る**
鍋に湯を沸かしておく。ボウルに黄身酢の材料を全て入れ、湯煎にかけながら混ぜ、とろみをつけて冷ます。

4 **仕上げ**
皿にふきの青煮と三つ葉、赤貝を盛り付け、黄身酢を適量かける。

昆布締めは「柵でサクッと」が合言葉

産卵期を迎えた春の真だいは「桜鯛（さくらだい）」と呼ばれ、大変美味。
ワインと合わせやすいように、昆布締めの時間は短めに仕上げます。
みずみずしくてやわらかい春キャベツと新しょうがの相性も抜群！
白でも、ロゼでも、お好きなワインで春らんらん。

昆布締めにした真だい（仕上がり）

春キャベツと新しょうがのマリネ（仕上がり）

桜鯛の昆布〆カルパッチョ
春キャベツと新生姜のマリネ

材料（2人分）
真だい（刺身用）…… 1冊
塩 …… 適量
昆布 …… 2枚
酒 …… 適量

【春キャベツと新しょうがのマリネ】
（作りやすい分量）
春キャベツ …… 1/4個
新しょうが …… 1かけ
塩 …… 適量
白ワインビネガー …… 大さじ2
砂糖 …… 大さじ1

塩（仕上げ用）…… 適量
レモン …… 1/8個
オリーブオイル …… 適量

1 真だいの昆布締めを作る
真だいに軽く塩を振り、10分ほど冷蔵庫で休ませる。
昆布を真だいの大きさに合わせて2枚用意し、酒を含
ませたキッチンペーパーで拭く。休ませておいた真だい
の水分を拭き取り、昆布で挟んでラップで包み、真だい
から軽く水分が抜けるまで、冷蔵庫で休ませる。

＊昆布で挟む時間を長くするほど、ねっとりと風味強く仕上がります。
ワインに合わせやすいように短めにしたり、昆布の風味を強くする
よう長めにしたり、お好みで調整してください。

2 春キャベツと新しょうがのマリネを作る
春キャベツを千切りにして塩を振り、しんなりしたら水
気を絞る。新しょうがを皮ごと千切りにして鍋に入れ、
白ワインビネガー、砂糖を加えて煮立て、春キャベツに
かけて混ぜ合わせ、冷蔵庫で冷やす。

3 仕上げ
真だいを取り出し、薄くそぎ切りにして皿に盛り付ける。
塩を振って、2のマリネを好みの量盛り付け、レモンを
搾って、オリーブオイルをかける。

汁までうまい！　ひと皿に味、重ねて

やわらかくふっくらとした身で、縁起物としても食べられるはまぐり。
本来の濃厚なうま味＋昆布出汁で、奥行きのある味わいに仕上げました。
アクが少なく程よい苦味のこごみが食感と色味のアクセント。
ぱかっと開けば、ニカッと笑顔がこぼれます。

ハマグリとこごみと桜花のワイン蒸し

材料（2人分）
はまぐり（砂抜き済み）…… 4個
こごみ …… 6本
桜花の塩漬け …… 5〜10個くらい
白ワイン …… 大さじ3
水 …… 1カップ
昆布 …… 4〜5cm角を1枚
塩 …… 適量
しょうゆ …… 適量
水溶きかたくり粉 …… 大さじ1
　（かたくり粉を同量の水で溶いたもの）

1　桜花の準備
桜花の塩漬けを水に浸け、塩抜きをして水気を絞り、茎を切り除いておく。

2　材料の準備
はまぐりは洗って汚れを落とす。こごみは洗って汚れを落とし、根元を切り落とす。

3　はまぐりを蒸し煮にする
鍋にはまぐり、白ワイン、水、昆布を入れ、ふたをして中火にかけ、沸騰する前に昆布を取り出す。はまぐりの口が開いたら取り出して、身の付いていない方の殻を取る。続けてこごみを入れて加熱し、火が通ったら取り出して、1の桜花を加えて味見をし、塩としょうゆで味を調える（吸い物くらいの塩味が目安）。

＊桜花の塩抜きの具合で塩味が変わるので、味見をしながら仕上げます。

4　仕上げ
器にはまぐりとこごみを盛り付ける。鍋の汁に水溶きかたくり粉を加えて、ヘラで混ぜながら沸騰させてとろみを付け、注ぎかける。

はまぐりの殻を取る

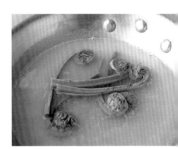

同じ鍋でこごみに火を通す

いつものおかずをワンランク上の味わいに

豚肉を出汁にくぐらせることでうま味が格段にアップ。
ごま油が香るねぎソースがやみつきになる味わいで、
おつまみにも、ご飯のおかずにも、大活躍です！
クレソン君、きみがいてこそのレシピだぞ。

豚もも肉とクレソンの香味葱ソース

材料（2人分）

豚もも肉（薄切り）…… 150g
クレソン …… 1束
●ゆで汁
｜ 出汁 …… 2カップ
｜ みりん …… 大さじ 2
｜ しょうゆ …… 大さじ 2

【香味ねぎソース】（作りやすい分量）
わけぎ …… 数本
A
｜ 白ワインビネガー …… 大さじ 1/2
｜ 出汁 …… 小さじ 1
｜ 塩 …… 適量
｜ ごま油 …… 大さじ 1

1 香味ねぎソースを作る
わけぎを小口切りにする。ボウルに A を入れて混ぜ、わけぎを加えてあえる。

2 豚肉をゆでる
鍋にゆで汁の材料を沸かし、豚もも肉をゆでて色が変わったら取り出す。

＊火が入りすぎると硬くなるので、ゆですぎないのがポイントです。

3 仕上げ
皿に 3cm 長さに切ったクレソンを盛り付け、豚肉をのせ、香味ねぎソースを適量かける。

山笑う ふきのとう見て 君笑う

さわらは脂が少なく淡泊な味わいなので、みそや油と相性よし。
春を代表する旬の味、ふきのとうみそと合わせましょう。
すがすがしい香りが鼻に抜けて、春の野山で深呼吸するかのようです。
芳醇な香気の日本ワインとベストマリアージュ。

さわらにふきのとうみそを挟む

鰆とふきのとう味噌のはさみ揚げ

材料（2人分）
さわら（切り身）…… 2切れ
●ふきのとうみそ
　ふきのとう …… 2個
　サラダ油 …… 小さじ1
　白ワイン …… 小さじ2
　みりん …… 小さじ1
　西京みそ …… 大さじ3
　砂糖 …… 小さじ2
●揚げ衣
　小麦粉 …… 80g
　かたくり粉 …… 大さじ2
　ベーキングパウダー …… 小さじ1
　塩 …… 適量
　出汁 …… 大さじ3
　水 …… 1/2カップ

小麦粉 …… 適量
揚げ油 …… 適量
塩 …… 適量

1 ふきのとうみそを作る
ふきのとうを洗い、熱湯で1分ほどゆで、冷水に取り水気を絞って、みじん切りにする。鍋にサラダ油を入れて中火にかけ、ふきのとうを炒める。油がまわったら白ワインとみりんを加えてひと煮立ちさせ、西京みそと砂糖を加えて練り上げる。容器に入れて粗熱をとり、冷蔵庫で冷やす。

2 さわらの準備
さわらは骨があれば取り除き、半分の大きさに切って、真ん中に切り込みを入れ、ふきのとうみそを挟む。

3 揚げ衣を作る
ボウルに小麦粉、かたくり粉、ベーキングパウダー、塩を入れて混ぜ合わせ、出汁、水を加えて滑らかになるまで混ぜる。

4 揚げる
さわらに薄く小麦粉をまぶし、揚げ衣を付けて、170℃の油で4分ほど揚げる。油をきり、半分に切って器に盛り付け、塩を振る。

スナップエンドウと
新玉ねぎのキッシュ

材料（直径18cmのタルト型1台分）
スナップエンドウ …… 1/2パック
新玉ねぎ …… 1/2個
ベーコン …… 40g
サラダ油 …… 大さじ1
シュレッドチーズ …… 50g
● キッシュ生地
　薄力粉 …… 120g
　砂糖 …… 小さじ1
　塩 …… 小さじ1/2
　バター …… 80g
　卵黄 …… 1/2個
　冷水 …… 大さじ2
● アパレイユ
　┌ 卵 …… 2個
　│ 卵黄 …… 1/2個
A │ 牛乳 …… 大さじ4
　│ 生クリーム …… 大さじ2
　│ 塩 …… 適量
　└ 黒こしょう …… 適量
　粉チーズ …… 大さじ1

1 キッシュ生地を作る
薄力粉をふるいにかけて、砂糖と塩を加えて混ぜる。バター
を1cm角に切って加え、冷蔵庫で1時間以上休ませる。フー
ドプロセッサーで攪拌し、粉とバターがなじんだら、卵黄と
冷水を混ぜたものを少しずつ加え、そのつど攪拌する。粉っ
ぽさが残るくらいで生地を取り出し、手で生地をまとめる。
ラップで包み、冷蔵庫で1時間以上休ませる。

2 アパレイユを作る
Aをボウルで混ぜ、こしてから、粉チーズを加えて混ぜる。

3 具材の準備
スナップエンドウは筋を取り、2分ほどゆでて、冷水に取り
水気をきる。飾り分を取っておき、残りは3等分に切る。新
玉ねぎは薄切り、ベーコンはひと口大に切り、フライパンに
サラダ油を入れて中火にかけて炒める。

4 焼き上げる
型にバター（分量外）を塗り、打ち粉（分量外）をしたキッ
シュ生地を麺棒でのばして型にはめる。底にフォークで穴を
開け、クッキングシートを敷いて重石をのせて、予熱した
180℃のオーブンで18分ほど焼き、粗熱をとる。重石とシー
トを外してシュレッドチーズを敷き、3の具材と飾り分のス
ナップエンドウのさやを開いてのせる。アパレイユを流し入
れ、180℃のオーブンで18分ほど焼き色が付くまで焼く。

4

食べたい焼きたい、モノにしたい！

スナップエンドウと新玉ねぎの栄養満点！　春のキッシュ。
オシャレだけど、家で作るのは難しそうなレシピも、
しっかりと生地を焼き、卵液をマスターすればアレンジは自由自在。
さぁ、胸を張って「得意料理はキッシュです！」。

日本とフランスの共演。のりとクリームのハーモニー

桜の開花前線に重なるように市場に並ぶ、さくらます。
身がふっくらとやわらかくうま味にあふれ、ムニエルに最適！
初春の生のりが香る洋風なクリームソースで仕上げます。
おいしさは国境を越える。

さくら鱒のグリル
生海苔クリームソース

材料（2人分）
さくらます …… 2切れ
生のり …… 大さじ2
うるい …… 2本
出汁 …… 大さじ1
生クリーム …… 大さじ4
サラダ油 …… 大さじ1
バター …… 大さじ1
小麦粉 …… 適量
塩 …… 各適量

生のり

うるい

1 材料の準備

生のりはざるに入れ、水を張ったボウルに重ねて流水で洗い、塩気を抜いて水気をきる。うるいは熱湯でサッとゆで、冷水に取り水気をきる。

＊生のりは海水の塩気があるので、塩抜きをしてから使います。

2 焼く

さくらますの切り身全体に塩を振って、小麦粉を薄く振る。フライパンにサラダ油とバターを入れて中火にかけ、皮目から3分ほど焼き、焼き色が付いたら裏返して、うるいを加え、さらに2分ほど焼いて火が通ったら、さくらますとうるいを取り出す。フライパンに出汁、生クリーム、生のりを加えて、とろみが付くまで煮詰め、塩で味を調えてソースを作る。

3 仕上げ

皿にソースを敷いて、うるいとさくらますを盛り付ける。

ソースを煮詰める

うらら、うらら、春うらら

みずみずしくてやわらかく、優しい甘味のホワイトアスパラガス。
むいた皮も捨てずに一緒にゆでると風味がアップします。
鮮やかなそら豆のピューレに、アスパラガスの白が映えるひと皿。
シェーブルチーズの名産地、ロワール地方の白ワインとどうぞ。

ホワイトアスパラガスのグリル
シェーブルチーズとそら豆のソース

材料（2人分）
ホワイトアスパラガス …… 4本
そら豆 …… 10さや
バター …… 大さじ1
塩 …… 適量
シェーブルチーズ …… 40g

【そら豆のソース】（作りやすい分量）
そら豆 …… 10さやから飾り分を除いた残り
玉ねぎ …… 1/4個
ベーコン …… 15g
水 …… 1/2カップ
牛乳 …… 1/4カップ
生クリーム …… 大さじ2
サラダ油 …… 大さじ1/2
塩 …… 適量

1 **ホワイトアスパラガスとそら豆の準備**
アスパラガスは穂先以外の皮をピーラーでむき、根元を切り落とす。鍋にたっぷりの水とむいた皮と根元を入れて沸騰させ、アスパラガスを加えて数分ゆで、そのまま冷まし水切りをする。そら豆はさやから出して、熱湯で数分ゆでて粗熱をとり、薄皮をむく。飾り分（適量）とソース分（残り）に分けておく。

2 **そら豆のソースを作る**
玉ねぎは薄切りに、ベーコンは短冊切りにする。鍋にサラダ油を入れて中火にかけ、玉ねぎをしんなりするまで炒め、ベーコンを加えてさらに炒める。全体に火が通ったら水を加え、沸騰したらソース分のそら豆を入れて弱火にし、数分煮る。粗熱をとってミキサーに移し、牛乳、生クリーム、塩を加えて、滑らかになるまで攪拌する。

3 **仕上げ**
フライパンにバターを入れて中火にかけ、アスパラガスと飾り分のそら豆を入れて塩を振り、数分焼く。焼き目が付いたら取り出し、続けてそら豆のソースを適量入れて、とろみが付くまで温める。皿にソースを敷き、アスパラガスとそら豆、シェーブルチーズをのせる。

3

脂身の面から
色よく焼く

スプリング・ラム・かむ！　春がキター

一年で一番おいしい仔羊が食べられるのは、ずばり春。
栄養価の高い牧草を食べて、肉質がきめ細かくやわらかいのが特徴です。
脂身をじっくり焼いて香ばしく仕上げるのがポイント。
骨付きのお肉って、興奮しませんか？

仔羊のグリル
新じゃが芋と芽キャベツの素揚げ

材料（2人分）
仔羊（ラムチョップ）…… 4本
塩 …… 適量
赤ワイン …… 大さじ2
バター …… 大さじ1
粒マスタード …… 小さじ1

新じゃがいも（小いも）…… 10個くらい
芽キャベツ …… 10個くらい
揚げ油 …… 適量
塩 …… 適量

1 **野菜の準備**
新じゃがいもは皮ごと水からゆで、沸騰後10分ほど串が通るまでゆでたら、食べやすい大きさに切る。芽キャベツは根元を薄く切り落とす。

2 **野菜を揚げる**
170℃の油で、新じゃがいもと芽キャベツをそれぞれ色よく揚げ、油をきって塩を振る。

3 **仔羊を焼く**
仔羊は薄皮が付いていれば取り除き、脂身の面に5mm間隔に切り目を入れ、全体に塩を振る。フライパンを中火にかけ、脂身の面から焼き始める。余分な脂を拭き取りながら、きれいな焼き色が付くまで焼く。肉を倒して両側の面を焼く。それぞれ焼き色が付いて火が通ったら、取り出して温かいところで休ませる。フライパンに赤ワイン、バター、粒マスタードを加えて少し煮詰めてソースを作る。

4 **仕上げ**
皿に仔羊を盛り付け、野菜を添えてソースをかける。

ワインバルですが、
毎日出汁をひいています

　今は便利な世の中で、手間なく使える出汁の商品がたくさんあります。忙しい毎日の心強い味方ですね。とっても便利です。ですが、この本を手に取っていただいたということは、「時には無心になって、いっちょう出汁からひいてみようかな！」とお考えではないでしょうか？（え、そうでもない？　まぁまぁ、聞いてください）

　店で毎日ひいている出汁は、かつおと昆布の合わせ出汁が基本。野菜の下味やソースの風味付けなど、その用途は多岐にわたります。洋食で定番のバターやクリームを使ったソースにも、出汁を加えるだけで味に深みが出ます（これ本当は内緒にしておきたいのですが〈笑〉）。それと気付かないくらい少量でも、我々日本人の舌は正直で、ちゃんとおいしいと感じます。自分好みにひいた出汁は、実はとても便利なのです。

　右に出汁のひき方をご紹介します。ただ、出汁は人それぞれ好みがありますので、あくまでも参考にとどめていただければと思います。

この本で使う「出汁」のひき方

材料
水 …… 1ℓ
昆布 …… 5×10cm を 2枚
かつお節 …… 20g

● 下準備
　鍋に水を入れ、昆布を浸しておく（約1時間）。

1 昆布出汁をひく
1時間ほど経ち、昆布が膨れてきたら、弱火にかける。鍋底に小さな気泡が見えたら、昆布を取り出す。

2 かつお節を入れる
そのままもう少し温度を上げて沸騰する前に火を止め、かつお節を入れて1分ほど置く。

3 こす
こし器でこす。

夏の料理

青い空に入道雲。かっかと笑う太陽がまぶしい季節。
トマトやびわの冷菜、はもやさざえのおつまみなど、
暑さにも負けずに毎日を元気に過ごせる 16 品の夏レシピ。
水なすと白桃のサラダは、毎年リピートする方続出です。

スープ

とうもろこしの冷製ポタージュ

トマトと桃の冷製ポタージュ

冷菜

水ナスと白桃 マスカルポーネチーズのサラダ

香り野菜の西京味噌ドレッシングサラダ

枇杷の白和え

奈良漬けとメロンの白和え

鯵の酢〆とパプリカのマリネ

真蛸とセロリとオリーブのシトラスマリネ

温菜

冬瓜の翡翠煮 湯葉餡かけ

賀茂ナスの玉味噌田楽 実山椒がけ

鱧と梅紫蘇の包み揚げ

オリーブとバジルを巻いた鰯のフリット

栄螺とマッシュルームのブルギニョンバター

鱸とマンゴーのグリル エンダイブとレモンバターソース

メインディッシュ

鶏もも肉のグリル ローズマリー風味

一緒に食べたいラタトゥイユ

豚肩ロースのグリル 日向夏と新生姜のバルサミコソース

おいしさぎゅーっと、とうもろこしは飲み物です

玉ねぎととうもろこしを甘い香りがするまでじっくりと炒めます。
芯にはうま味がたっぷり含まれているので煮汁を活用しましょう。
夏の暑さにも心がほころぶおいしさです。

とうもろこしの冷製ポタージュ

材料（作りやすい分量）
とうもろこし …… 2本
玉ねぎ …… 1/4個
牛乳 …… 2/3カップ
生クリーム …… 大さじ2
サラダ油 …… 小さじ2
バター …… 大さじ2
小麦粉 …… 大さじ1
塩 …… 適量
生クリーム（仕上げ用）…… 適量

1 材料の準備

とうもろこしの実を芯から切り離しておく。芯は捨てず
に鍋に入れ、ひたひたの水（分量外）を注いで5分ほど
煮る。玉ねぎは薄切りにする。

2 スープを作る

鍋にサラダ油を入れて中火にかけ、玉ねぎをしんなりす
るまで炒め、とうもろこしの実を加える。油がまわる程
度に炒めたら、バターと小麦粉を加え、よく混ぜながら
さらに炒め、芯のゆで汁をひたひたになるくらい加えて
（足りなければ水を足して）弱火で10分ほど煮る。粗熱
をとってミキサーに移し、牛乳、生クリーム、塩を加えて、
滑らかになるまで攪拌し、冷蔵庫で冷やす。
＊芯のゆで汁を加えるときは、小麦粉がだまにならないように、初め
は少しずつ入れます。

3 仕上げ

スープをよく混ぜてから器に注ぎ、生クリームを垂らす。

真っ赤な元気、太陽の恵みを召し上がれ

トマトは夏の盛りを迎えると甘さが増して、風味が濃くなります。
ポイントは桃を加えることで生まれるまろやかさ。
豊満な果実感が足されて、よりジューシーな味わいに。

トマトと桃の冷製ポタージュ

材料 (作りやすい分量)

トマト …… 2個
桃 …… 1/2個
A ┌ トマトベース …… 1/4 カップ
　│ 冷水 …… 1/4 カップ
　└ 塩 …… 適量
オリーブオイル …… 適量

【トマトベース】(作りやすい分量)
カットトマト缶 …… 200g
にんにく (みじん切り) …… 小さじ1
オリーブオイル …… 小さじ1

1 トマトベースを作る

フライパンにオリーブオイルとにんにくを入れて弱火にかけ、香りが立ったら火を止めて粗熱をとり、カットトマトと一緒にミキサーに入れ、滑らかになるまで攪拌する。ミキサーから取り出す。

＊にんにくは、焦げやすいので香りが立ったらすぐに火を止めます。

2 トマトと桃の準備

トマトはへたを取り、皮を湯むきして、くし形切りにする。桃は皮をむき種を除いて、トマトと同じくらいの大きさに切る。

3 仕上げ

ミキサーにトマトと桃、Aを加えて、滑らかになるまで攪拌し、冷蔵庫で冷やす。スープを器に注ぎ、オリーブオイルを垂らす。

＊トマトによって甘さや水分量が違うので、甘味が足りなければ桃を、水分が足りなければ冷水を加え、好みに合わせて調整します。

まねしたいレシピ№1 （当社比）

水なすを冷水でシャキッと冷やすのがおいしさのポイントです。
白桃の滴るように豊満な果実の食感とマスカルポーネチーズがぜいたくなサラダ。
仕上げにのせた生ハムとハーブがいい仕事してますねぇ。
ワインも冷えてるし、至福の晩酌タイム、始めましょ。

1

水ナスと白桃
マスカルポーネチーズのサラダ

材料（2人分）
水なす …… 1個
白桃 …… 1/2個
すもも …… 1個
レモンドレッシング（P13参照）
　…… 大さじ3
塩 …… 適量
マスカルポーネチーズ …… 大さじ2
生ハム …… 適量
セルフィーユ …… 適量
オリーブオイル …… 適量

●塩水
　水 …… 2カップ
　塩 …… 小さじ1

● **下準備**
　塩水を作り、冷やしておく。

1 水なす、白桃、すももの準備
　水なすの皮をしま目にむいて、3cm大に乱切りし、冷やしておいた塩水に漬ける。白桃の皮と種を除いて、水なすと同じくらいの大きさに切る。すももを白桃の半分くらいの大きさに切る。

＊水なすはアクが少ないですが、下味も兼ねて塩水に漬けます。

2 仕上げ
　ボウルに、水気をきった水なす、白桃、すももを入れ、レモンドレッシングで軽くあえ、塩で味を調える。皿にマスカルポーネチーズ、生ハムと緒に盛り付けて、セルフィーユを飾り、オリーブオイルを回しかける。

こっそり教えます。おいしいドレッシングの作り方

作り続けて 20 年余り、レシピを尋ねられる回数は数え切れず、
そのたびに企業秘密を貫いてきましたが、ついに本邦初公開！
分離しないコツは、みそが良い乳化作用をしてくれるから。
このレシピで、お家のサラダがレベルアップ！

香り野菜の西京味噌ドレッシングサラダ

材料（2人分）

水菜
三つ葉
トレビス　　　　お好みの葉野菜
グリーンカールなど　…… 合わせて 120g

わけぎ
みょうが　　　…… 適量
青じそ

西京みそドレッシング（下記参照）…… 適量
黒こしょう …… 適量
オリーブオイル …… 適量

1 野菜の準備

水菜と三つ葉は 3cm 長さに切る。トレビスとグリーンカールは食べやすい大きさにちぎる。わけぎは小口切りにする。みょうがと青じそは千切りにする。

2 仕上げ

ボウルに水菜、三つ葉、トレビス、グリーンカールを入れ、軽く混ぜ合わせたものを皿に半量ほど盛り、西京みそドレッシングを軽くかける。残りの葉野菜を盛り付けて、わけぎ、みょうが、青じそを散らし、仕上げにもう一度ドレッシングをかけ、黒こしょう、オリーブオイルをかける。

■ 西京みそドレッシング

レシピは、2人分 × 2 回で使い切れるくらいの分量です。
クレソンや春菊など、ほかの香り野菜にもよく合います。

材料（作りやすい分量）

　　玉ねぎ（すりおろし）…… 小さじ 2
　　にんにく（すりおろし）…… 小さじ 1/2
　　砂糖 …… 大さじ 1/2
A　西京みそ …… 大さじ 1
　　しょうゆ …… 大さじ 1
　　白ワインビネガー …… 大さじ 1 と 1/2
サラダ油 …… 大さじ 3

作り方

　ボウルに A を入れて泡立て器でよく混ぜ、サラダ油を加えて混ぜる。

＊サラダ油は少しずつ加え、そのつどよく混ぜると分離しません。

サラダ油　白ワインビネガー　砂糖　玉ねぎ（すりおろし）
しょうゆ　にんにく（すりおろし）　西京みそ

※分量はレシピの材料欄をご参照ください

初夏の訪れを食卓に運ぶ

あら、びわやメロンが。もうすっかり夏の気配ですね。
白あえにすると優しい甘さがよりいっそう引き立ちます。
今夜の献立を楽しくしてくれる名脇役。

枇杷の白和え

材料（作りやすい分量）
びわ …… 1パック

【白あえ衣】（作りやすい分量）
絹豆腐 …… 1/2丁
西京みそ …… 大さじ1
練りごま（白）…… 小さじ1
薄口しょうゆ …… 小さじ1
砂糖 …… 小さじ1弱

● **下準備**
豆腐をざるに上げ、半日置いて水切りしておく。

1 白あえ衣を作る
すり鉢に豆腐を入れ、滑らかになるまでする。西京みそ、練りごま、薄口しょうゆ、砂糖を加えて、すり合わせる。

＊あえ衣は好みのすり加減でよいですが、より滑らかにしたいときは、こし器を通すときれいに仕上がります。

2 びわを切る
びわは皮と種を除いて、4等分のくし形切りにする。

3 あえる
ボウルにびわと白あえ衣適量を入れ、軽くあえて皿に盛り付ける。

奈良漬けとメロンの白和え

材料（作りやすい分量）
メロン …… 1/4 個
奈良漬け（白うり）…… 40g

【白あえ衣】（作りやすい分量）
絹豆腐 …… 1/2 丁
西京みそ …… 大さじ 1/2
練りごま（白）…… 小さじ 1
薄口しょうゆ …… 小さじ 1/2
砂糖 …… 小さじ 1/2

● 下準備
　豆腐をざるに上げ、半日置いて水切りしておく。

1 **白あえ衣を作る**
　すり鉢に豆腐を入れ滑らかになるまでする。西京みそ、練りごま、薄口しょうゆ、砂糖を加えて、すり合わせる。

2 **メロンと奈良漬けを切る**
　メロンは皮と種を除いて、2cm角に切る。奈良漬けは酒粕をヘラなどで取り、縦2cmの小さな短冊切りにする。

3 **あえる**
　ボウルに奈良漬けと白あえ衣適量を入れ、一度あえてから、メロンを加えてさらに軽くあえ、皿に盛り付ける。

「和洋折衷」いいとこ取りの夏レシピ

食材を和風と洋風の異なる調理法で仕込みます。
出汁、酢、しょうゆ、白ワインビネガー、オリーブオイルと、
さまざまな味が重なった一体感を楽しんでお召し上がりください。
食欲が落ちる梅雨の時期に、うれしい一品。

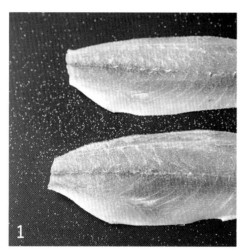

1 あじ全体に塩を振る

2 パプリカの皮を除く

鯵の酢〆とパプリカのマリネ

材料（2人分）

あじ（刺身用・三枚おろし）…… 2尾分
塩 …… 適量

A
- 出汁 …… 1/3カップ
- 米酢 …… 大さじ3
- 薄口しょうゆ …… 大さじ3

パプリカ（赤・黄）…… 各1/2個

B
- 白ワインビネガー …… 大さじ1
- レモン汁 …… 数滴
- 砂糖 …… 小さじ1
- 塩 …… 適量
- オリーブオイル …… 小さじ1

ケッパー …… 適量

1 あじを酢締めにする。

あじ全体に塩を振り、冷蔵庫に入れて30分ほど休ませる。水気を拭き取り、Aを合わせた液に浸して、冷蔵庫で1時間ほど置く。小骨と皮を取り、皮目に鹿の子に切り目を入れて3cm幅に切る。

＊液に浸す時間によって味の濃さが変わります。お好みで調整してください。

2 パプリカのマリネを作る

ボウルにBを入れて混ぜておく。パプリカは種を取り、220℃に予熱したオーブンで15分ほど皮が浮き上がるまで焼き、冷水に取り皮を除く。縦に2cm幅に切り、Bのマリネ液であえ、冷蔵庫で冷やす。

3 仕上げ

皿にあじとパプリカを彩りよく盛り付け、ケッパーを散らす。

手軽にできて、おいしく、テーブルが華やかに

毎日暑くて、料理するのが大変！
そんなときに、柑橘の清涼感たっぷりの、
爽やかな前菜はいかがでしょうか。
ぷりぷりの真だこと
弾けるようにみずみずしいセロリと柑橘。
キリッと冷えた白ワインとお楽しみください！

真蛸とセロリとオリーブのシトラスマリネ

材料（作りやすい分量）
真だこ足（ボイル）…… 2本
玉ねぎ …… 1/4 個
セロリ …… 1/2 本
グレープフルーツ（白・ルビー）
　…… 合わせて 1/2 個
オリーブ（種なし）…… 8個くらい
イタリアンパセリ …… 適量
●マリネ液
　にんにく（すりおろし）…… 小さじ 1/2
　砂糖 …… 大さじ 1
　塩 …… 適量
　白ワインビネガー …… 大さじ 1 と 1/2
　レモン汁 …… 小さじ 1
　オリーブオイル …… 小さじ 1
オリーブオイル（仕上げ用）…… 適量

1 真だこと野菜の準備
真だこは厚さ 1 cm弱のそぎ切りにする。玉ねぎ
は薄切りにして、辛味が抜けるまで水にさらし、
ざるに上げて水気をきる。セロリは筋を取って
斜め薄切りにする。グレープフルーツは薄皮を
むき、一房をそれぞれ 3 等分する。イタリアン
パセリは粗みじんに切る。

2 マリネ液を作る
ボウルにマリネ液の材料を入れて混ぜ合わせる。

3 仕上げ
マリネ液に、1 で準備した全ての材料とオリー
ブを入れて、ざっくりとあえて、冷蔵庫で 1 時
間休ませる。皿に盛り付け、オリーブオイルを
かける。

3

「丁寧に時間をかける」というぜいたく

きれいなひすい色に仕上げるには、煮崩れさせないのがポイント。
面取りをして、鍋に並べて、コトコト静かに煮込みましょう。
煮上がったとうがんは透き通るように繊細ではかなげ。
目からも"涼"を感じる夏の一品です。

1

とうがんの皮を薄くむく

冬瓜の翡翠煮　湯葉餡かけ

材料（作りやすい分量）
とうがん …… 1/4 個
生湯葉 …… 1 枚
出汁 …… 2 カップ

A ┌ みりん …… 小さじ 1
　├ 塩 …… 小さじ 1/2 弱
　└ 薄口しょうゆ …… 小さじ 1

水溶きかたくり粉 …… 大さじ 2
　（かたくり粉を同量の水で溶いたもの）
しょうが汁 …… 数滴
穂じそ …… 適量

1 とうがんと湯葉の準備

とうがんはワタを取り除いて 3cm 角に切り、緑色の部分を残すように薄く皮をむく。面取りをして、皮側に格子状に切り目を入れる。鍋に湯を沸かしてとうがんを入れ、7 分ほどやわらかくなるまで下ゆでし、水にさらして色止めをしてから、ざる上げして水気をきっておく。湯葉は細切りにする。

＊とうがんをゆでるときは、煮崩れしないように、ゆるやかな沸騰を保つようにします。

2 とうがんを煮る

鍋にとうがんを並べ入れて、出汁を注いで中火にかけ、煮立ったら A を加え、弱火にして 3 分ほど煮る。火を止めて、一度冷まして味を含ませる。

3 仕上げ

2 の鍋に湯葉を加えて中火にかけ、温まったら水溶きかたくり粉としょうが汁を加えて、ヘラで優しく混ぜながら沸騰させ、とろみを付ける。皿に盛り付けて、穂じそを散らす。

でん！　今晩の主役はキミに決めた！

ずっしりと重く、果肉の詰まった賀茂なすは、
加熱することでトロトロの食感になります。
油でじっくり中まで火を通すことがおいしさの秘訣。
揚げる音が、香ばしいみその匂いが、食欲をそそります。

賀茂ナスの玉味噌田楽　実山椒がけ

材料（2人分）
賀茂なす …… 1個
実山椒の塩漬け …… 適量

【玉みそ】（作りやすい分量）
西京みそ …… 大さじ4
卵黄 …… 1/2個
白ワイン …… 大さじ2
みりん …… 小さじ2
砂糖 …… 小さじ2

揚げ油 …… 適量

1 実山椒の準備
実山椒の塩漬けを水に浸けて塩抜きをして、水気をきる。

2 賀茂なすの準備
賀茂なすは、へたを残したまま縦半分に切り、皮の内側に沿って切り込みを入れ、断面に2cm幅の格子状に切り目を入れる。

3 玉みそを作る
鍋に玉みその材料を全て入れて混ぜ合わせる。中火にかけ、もとの西京みそより少しゆるいくらいになるまで、混ぜながら加熱する。

4 仕上げ
170℃の油で賀茂なすをじっくりと中心に火が通るまで揚げる。油をきり、玉みそを適量塗って、バーナーで焼き目を付ける。皿に盛り、実山椒を散らす。

夏の風物詩、おあがりやす

上品で繊細なはもや梅雨入り頃のいわしは、まさに旬の味。
梅やしそ、オリーブとバジルが爽やかに香る一品はいかが？
明日の元気の源をいただきます。

鱧と梅紫蘇の包み揚げ

材料（2人分）
はも（骨切りはも）…… 20cm
梅干し …… 4個
青じそ …… 8枚
●揚げ衣
　小麦粉 …… 80g
　かたくり粉 …… 大さじ2
　ベーキングパウダー …… 小さじ1
　塩 …… 適量
　出汁 …… 大さじ3
　水 …… 1/2 カップ

小麦粉 …… 適量
揚げ油 …… 適量
塩 …… 適量

※梅干しは、丸ごと食べても塩辛くない塩加
減のものを使うと、はもとのバランスがよ
いと思います。

1 はも、梅干し、青じその準備
　はもは5cm幅に切る。梅干しは半分に割り、種を取
　り除く。青じそは軸を切り落とす。

2 包む
　はもの皮目を下にして置き、青じそを2枚のせ、そ
　の上に梅干し1個分をのせて巻き込むように丸め、
　巻き終わりをつまようじでとめる。

3 揚げ衣を作る
　ボウルに小麦粉、かたくり粉、ベーキングパウダー、
　塩を入れて混ぜ合わせ、出汁、水を加えて滑らかに
　なるまで混ぜる。

4 揚げる
　はもに薄く小麦粉をまぶし、揚げ衣を付けて、
　170℃の油で4分ほど揚げる。油をきってつまよう
　じを抜き取り、半分に切って器に盛り付け、塩を振る。

オリーブとバジルを巻いた鰯のフリット

材料（2人分）
いわし（開いたもの）…… 4尾
オリーブ（種なし）…… 8〜12個
バジル（葉のみ）…… 2枚分
●揚げ衣
　小麦粉 …… 80g
　かたくり粉 …… 大さじ2
　ベーキングパウダー …… 小さじ1
　塩 …… 適量
　出汁 …… 大さじ3
　水 …… 1/2 カップ

小麦粉 …… 適量
揚げ油 …… 適量
塩 …… 適量

1 いわしの準備
いわしの背びれと尾びれを取り除いておく。

2 包む
いわしの皮目を下にして縦に置き、バジルを数枚のせ、手前側にオリーブを2～3個横に並べて置いて巻き込むように丸め、巻き終わりをつまようじでとめる。

3 揚げ衣を作る
ボウルに小麦粉、かたくり粉、ベーキングパウダー、塩を入れて混ぜ合わせ、出汁、水を加えて滑らかになるまで混ぜる。

4 揚げる
いわしに薄く小麦粉をまぶし、揚げ衣を付けて、170℃の油で4分ほど揚げる。油をきってつまようじを抜き取り、半分に切って器に盛り付け、塩を振る。

にんにくとハーブで食欲増進！　夏バテ知らず

さざえはふたがしっかり閉じているものが鮮度のよい証拠。
コリコリの食感に、海のエキスをたっぷり含んだうま味がたまりません。
ブルゴーニュ地方の伝統料理、ブルギニョンバターと合わせれば……
ゴクリ……。写真からおいしい香りがしてきそう。

さざえをゆでて身を取り出す

栄螺とマッシュルームのブルギニョンバター

材料（2人分）
さざえ …… 2個
マッシュルーム …… 1パック
●ブルギニョンバター
　パセリ …… 15g
　にんにく …… 小さじ2
　白ねぎ …… 小さじ1　｝全て細かい
　エシャロット …… 小さじ2　みじん切り
　塩 …… 小さじ1/2弱
　バター …… 90g
パン粉 …… 小さじ2

● 下準備
バターを常温に置いてやわらかくする。

1 さざえの準備
鍋にさざえとかぶるくらいの水を入れて中火にかける。沸騰したら弱火にして3分ゆで、火を止めてそのまま3分置き、取り出す。冷めたら殻から身を取り出して、身の部分を4等分に切る。

2 ブルギニョンバターを作る
細かいみじん切りにしたパセリ、にんにく、白ねぎ、エシャロットをボウルに入れ、塩と、常温に戻してクリーム状にしたバターを加えて混ぜる。

3 焼く
耐熱皿にさざえとマッシュルーム（大きければ半分に切って）をのせ、ブルギニョンバターを散らして、パン粉をかける。220℃に予熱したオーブンで5分ほど焼き色が付くまで焼く。

エシャロット

生搾りレモンで気分爽快。盛り上がろう！

" 柑橘の香り。芳醇でコクのある……。バターのような……。"
ワインに含まれる香りや味わいの要素を、料理で表現したひと皿です。
マンゴーが持つ南国果実のトロピカルなウキウキ感。
今夜はちょっと良いブルゴーニュワインでも開けちゃおうかしら。

鱸とマンゴーのグリル
エンダイブとレモンバターソース

材料（2人分）
すずき（切り身）…… 2切れ
マンゴー …… 1/2 個
レモン …… 1/4 個
タイム …… 3 枝
エンダイブ …… 3 枚くらい
サラダ油 …… 大さじ 1
バター …… 大さじ 2
小麦粉 …… 適量
塩 …… 各適量

1 すずきとマンゴーの準備
すずきの切り身から骨とうろこを取り除き、皮に切り目を入れる。マンゴーは種を除き皮をむいて、くし形切りにして、長さを半分に切る。

2 焼く
すずきの切り身全体に塩を振り、皮目に小麦粉を振る。フライパンにサラダ油を入れて中火にかけ、皮目から 3 分ほど焼き、焼き色が付いたら裏返して、すぐにマンゴーとバターを加えて、レモンを搾りかけ、塩で味を調え、タイムを加えて焼き上げる。

3 仕上げ
皿にエンダイブを敷き、すずきとマンゴーをのせてタイムを飾り、フライパンに残ったソースをかける。

夏の元気でおもてなし

赤、黄、緑の夏野菜たっぷりのラタトゥイユ。
素揚げすることでコクが生まれて、野菜だけでも十分な満足感。
ジューシーに焼いた鶏肉には、ローズマリーが相性抜群です！
南仏プロヴァンスの風を感じてバカンス気分♪

玉ねぎ　　にんじん　　なす　　にんにく（みじん切り）

ズッキーニ　　パプリカ　　トマト　　セロリ

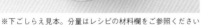
※下ごしらえ見本。分量はレシピの材料欄をご参照ください

ラタトゥイユ（仕上がり）

夏のメインディッシュ　鶏もも肉・夏野菜

鶏もも肉のグリル ローズマリー風味
一緒に食べたいラタトゥイユ

材料（2人分）
鶏もも肉 …… 1枚
塩 …… 適量
小麦粉 …… 適量
サラダ油 …… 大さじ 1/2
ローズマリー …… 数本

【ラタトゥイユ】（作りやすい分量）
にんじん …… 1/2 本
玉ねぎ …… 1/2 個
セロリ …… 1/4 本
パプリカ（黄） …… 1/2 個
なす …… 1本
ズッキーニ …… 1/2 本
トマト …… 2個
にんにく（みじん切り） …… 小さじ 1/2
オリーブオイル …… 大さじ 1
赤ワイン …… 小さじ 2
塩 …… 適量
しょうゆ …… 小さじ 1/2
パプリカパウダー …… 適量

揚げ油 …… 適量

1 野菜の準備
にんじんと玉ねぎはすりおろす。セロリは 0.5cm厚さの斜め切り。パプリカは種を取り、220℃に予熱したオーブンで 15 分ほど皮が浮き上がるまで焼いて冷水に取り、皮を除いて 2cm大に切る。なすは厚さ 1cm弱の輪切り、ズッキーニは厚さ 1cm弱の半月切りにして、それぞれ 180℃の油で 1 分ほど揚げておく。トマトは皮を湯むきして種を取り、粗みじんに切っておく。

2 ラタトゥイユを作る
鍋にオリーブオイルを入れて中火にかけ、にんにくを炒め香りが出たら、にんじんと玉ねぎを加えて、甘い香りがするまで炒める。セロリを加えてしんなりするまで炒め、赤ワイン、塩、しょうゆを加えてアルコールを飛ばし、トマトとパプリカパウダーを加えて、弱火にして 10 分ほど煮る。パプリカ、なす、ズッキーニを加えて軽く混ぜ、さらに 5 分ほど煮る。

3 鶏肉の準備
鶏もも肉は、余分な脂と筋を取り、厚みのある部分は切り込みを入れる。塩を全体に振り、皮目に薄く小麦粉を振る。

4 鶏肉を焼く
フライパンにサラダ油を入れて中火にかけ、皮目を下にして鶏肉を入れ、焼き色が付くまでふたをして焼く。裏返して、ローズマリーを加え、中に火が通るまで焼く。

5 仕上げ
鶏肉とローズマリーを取り出し、フライパンの余分な脂を拭き取る。ラタトゥイユを適量入れて中火で温め、皿に広げ、切り分けた鶏肉をのせて、ローズマリーを添える。

豚肉としょうがのおいしい新提案

豚肩ロースは、程よく脂身も入って、うま味がたっぷり。
ワタの甘さと、柑橘のフレッシュさを併せ持つ日向夏と、
辛味の優しい新しょうがを合わせれば、ネオしょうが焼きの完成です！
白いご飯はもちろん、ワインもぐいぐい進みます！

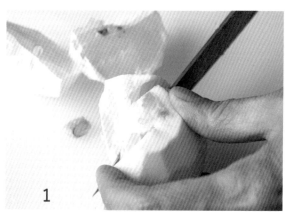 

日向夏の皮をむき芯を除く

豚肩ロースのグリル
日向夏と新生姜のバルサミコソース

材料（2人分）

豚肩ロース肉 …… 2枚
日向夏 …… 1個
新しょうが …… 2かけ
サラダ油 …… 大さじ2
塩 …… 適量
●バルサミコソース
　バルサミコ酢 …… 大さじ3
　赤ワイン …… 大さじ3
　しょうゆ …… 大さじ1
　砂糖 …… 小さじ2

季節の野菜（お好みで）…… 適宜
塩 …… 適量

1 日向夏と新しょうがの準備

日向夏は皮をむき、芯を除いて2cm大に切る。新しょうがは皮ごと千切りにする。

＊日向夏は白いワタも食べられます。

2 バルサミコソースを作る

鍋にバルサミコソースの材料を全て入れ、中火にかけて半量になるくらいまで煮詰める。

3 焼く

豚肉の筋を切り、塩を振る。フライパンにサラダ油を入れて中火にかけ、盛り付けたときに表になる面から焼き始める。ふたをして焼き、焼き色が付いたら裏返して、中に火が通るまで焼く。豚肉を取り出し、フライパンの余分な脂を拭き取り、日向夏と新しょうがを入れて中火で炒め、火が通ったらバルサミコソースを加えてひと煮立ちさせる。

＊豚肉を焼いている間に出てきた余分な脂や水分は、取り除くときれいな焼き色に仕上がります。

4 仕上げ

豚肉を切って皿に盛り付け、3のソースをかける。お好みで季節の野菜をグリルして、塩を振って添える。

ワイン選びは、
好きが最強

　LEVEL では、日本ワインとフランスワインを扱っています。

　日本ワインは、各地のワイナリーやぶどう畑を訪ねて、直接お話を聞けるのがうれしいですね。ついつい思い入れが入ってしまうので、店のワインリストにはお会いした生産者の方々のワインが中心に並びます。フランスワインはナチュラルワインが中心です。信頼するインポーターさんや酒屋さんからご紹介いただいて、シェフの料理に合うと思ったものを取り扱うようにしています。

　日本ワインやナチュラルワインからは、出汁のような風味を感じることが多々あります。口に含んだら、じゅわっと広がるうま味。繊細で心地よく、食欲を刺激する淡い余韻が続くような……。本書でご紹介した料理と身体に優しいおいしいワインをぜひ味わっていただきたいです。

　個人的にも食事の際には必ずワインがテーブルに並びますが、この料理にはこのワイン！　と、型にはめなくてよいと思っています。季節に合わせて飲みたいワインも変わってきます。料理を口にして自然とグラスに手が伸びるワインが、そのとき身体が求めている味なのかなと思うからです。

　ワイン選びに悩んだら、飲食店でもワインショップでも、気兼ねなく店員さんに尋ねてみることをお勧めします。難しい専門的な言葉は知らなくても、全然心配ありません。みんなワインが大好きなので、

丁寧に答えてくれるはず。僕もよく尋ねますが、店員さんと好みが近かったりすると会話も弾んで、ちょっと得した気持ちになります。

　店のオープンから10年経った現在では、うれしいことに日本ワインを飲みに来てくださるお客さまが本当に増えました。全国のワイナリーの皆さんがおいしいワインを造っていることと、それぞれのワインや郷土の魅力を発信しているおかげだと感じています。国内のワイナリー数は450軒を超えて、各地でのワインイベントも盛況です。これからますます盛り上がる日本ワインから目が離せません。

　日常的な家の料理との組み合わせを考えると、料理にそっと寄り添ってくれるような日本ワインと、向き合ってくれる印象のフランスワインの対比もおもしろいと思っています。優劣を競うのではなく、「日本ワインとフランスワインを水平な視点でとらえること」が僕の中のテーマです。まさにみんな違ってみんないい。
　好きな場所で、好きな人と、
　好きな料理と、好きなワインが、最高で最強です。

秋の料理

紅葉の山々に沈む夕日。黄金色の稲穂が揺れる季節。
きのこ、かぼちゃ、ぶどうや柿、さんまに秋さけ……。
食いしん坊にはたまらない食欲そそる15品の秋レシピ。
新酒や新米など、お店にも秋の実りが届きます。

スープ

マッシュルームのポタージュ

冷　菜

シャインマスカットと胡桃と蓮根のグリーンサラダ

栗南瓜の落花生和え

そうめん南瓜と梨のマリネ

炙り〆鯖と無花果

いくらをのせた嶺岡豆腐

柿バターとカシューナッツのカナッペ

林檎のコンポートとアボカドのカナッペ

温　菜

銀杏と甘鯛の蕪蒸し

帆立と里芋のサフランクリームソース

秋鮭とポルチーニ茸のマスタードクリームソース

秋刀魚とさつま芋のペルシャード

海老と舞茸のグリル　バターナッツかぼちゃのソース

スモークサーモンのクロックマダム

メインディッシュ

鴨胸肉のグリルと栗の渋皮揚げ　茸のソース

うま味バクダンが心にどかんと火を付ける

ころんとしたフォルムがかわいいマッシュルーム。
実はほかのきのこ類に比べて、うま味成分が３倍も含まれているんです。
濃厚なポタージュにすれば、栄養満点の食事の主役になります。
スーパーきのこでパワーアップ！

マッシュルームのポタージュ

材料（作りやすい分量）
マッシュルーム …… 150g
玉ねぎ …… 1/2 個
ベーコン …… 30g
水 …… 3/4 カップ
牛乳 …… 1 カップ
生クリーム …… 大さじ 1
サラダ油 …… 大さじ 1
バター …… 大さじ 1
小麦粉 …… 大さじ 1
塩 …… 適量
オリーブオイル …… 適量

1 材料の準備
マッシュルームと玉ねぎは薄切り、ベーコンは短冊切りにする。

2 スープを作る
鍋にサラダ油を入れて中火にかけ、玉ねぎをしんなりするまで炒め、ベーコンとマッシュルームを加えてさらに炒める。全体に火が通ったらバターと小麦粉を加え、よく混ぜながら数分炒め、水を加えて煮立ったら弱火にして５分ほど煮込む。粗熱をとってミキサーに移し、牛乳、生クリーム、塩を加えて、滑らかになるまで攪拌する。
＊鍋に小麦粉を加えたあとは鍋底が焦げ付きやすいので、底からよくかき混ぜます。

3 仕上げ
スープを鍋に移し、弱火で温め器に盛り、オリーブオイルを垂らす。

たわわに実ったぶどう畑の香りを食卓に

秋になるとさまざまなぶどうが売り場に並びます。
甘美な芳香に皮ごとパリッと食べられるシャインマスカットと、
くるみや素揚げしたれんこんの食感が楽しいサラダをお試しください。
ひと口頬張るたびに実りの秋を感じます。

シャインマスカットと
胡桃と蓮根のグリーンサラダ

材料（2人分）
シャインマスカット …… 10 粒
くるみ …… 適量
れんこん（薄切り）…… 10 枚
グリーンカール、フリルレタスなど
　お好みの葉野菜 …… 合わせて 100g
レモンドレッシング（P13 参照）…… 適量
セルフィーユ …… 適量
オリーブオイル …… 適量

揚げ油 …… 適量
塩 …… 適量

1 材料の準備
シャインマスカットは半分に切る。くるみは 180℃に予熱したオーブンで数分乾煎りする。れんこんは酢水（分量外）にさらしてアクを抜く。グリーンカールとフリルレタスは食べやすい大きさにちぎる。

2 れんこんを揚げる
れんこんの水気をきり、170℃の油で素揚げして、塩を振る。
＊れんこんはこんがりと色よく、パリッとするまで揚げます。

3 仕上げ
グリーンカールとフリルレタスを皿に半量ほど盛り、レモンドレッシングを適量かける。残りの葉野菜を盛り付けた上に、シャインマスカットとくるみを散らし、れんこんをのせ、セルフィーユを飾り、仕上げにもう一度ドレッシングをかけ、オリーブオイルをかける。

「冷めたて」がおいしいタイミング

落花生のまろやかなコクがかぼちゃの甘味を引き立てます。
かぼちゃの硬い皮は電子レンジで数分加熱すると、
無理な力を入れずに簡単に包丁が入ります。
粗熱がとれた頃に味が染みて、ホクホクおいしい。

栗南瓜の落花生和え

材料（作りやすい分量）
かぼちゃ …… 1/4 個
●あえ衣
　落花生（殻付き）…… 50g
　砂糖 …… 小さじ 2
　塩 …… 小さじ 1/2 弱
　白ワインビネガー …… 大さじ 2

揚げ油 …… 適量

1 かぼちゃの準備
かぼちゃは種とワタを除き、皮付きのまま 2cm 角に切る。

2 落花生のあえ衣を作る
落花生の殻をむき薄皮を取って、180℃に予熱したオーブンで数分乾煎りする。粗熱がとれたら、飾り分を少し残して、ミルサーなどで数分攪拌し、好みのペースト状にする。ボウルに移して、砂糖、塩、白ワインビネガーを加えて混ぜ合わせる。
＊落花生は、ペースト状ではなく砕いた状態でもおいしく仕上がります。好みの状態で調理してください。

3 仕上げ
かぼちゃを 160℃の油で 2 分ほど、芯がやわらかくなるまで揚げる。油をきり、熱いうちにあえ衣のボウルに入れてあえる。皿に盛り、残しておいた落花生を飾る。

包丁を使わずに千切りに?!

「そうめんかぼちゃ」は石川県能登地方の伝統野菜。
輪切りにしてゆでると、そうめんのようにほぐれる繊維をしています。
追熟したかぼちゃを果汁が滴るような梨と一緒にマリネすることで、
シャキシャキとした歯触りがおいしい前菜になります。

そうめん南瓜と梨のマリネ

材料（作りやすい分量）
そうめんかぼちゃ …… 1/4 個
梨 …… 1/2 個
　┌ 砂糖 …… 大さじ 1
A │ 塩 …… 小さじ 1/2 弱
　└ 白ワインビネガー …… 大さじ 3
オリーブオイル …… 大さじ 1

1 そうめんかぼちゃの準備
そうめんかぼちゃは、皮ごと 3cm 厚さの輪切りにし、種とワタを取り除く。鍋に湯を沸かし、そうめんかぼちゃを入れ 15 分ほどゆでてから、水にさらして実をほぐし、皮を除いて水気をきっておく。

2 梨の準備
梨は皮をむき芯と種を除いて、薄いくし形切りにする。

3 仕上げ
ボウルに A を入れてよく混ぜる。かぼちゃと梨を入れてあえ、オリーブオイルを加えてさらにあえ、冷蔵庫で冷やして、皿に盛り付ける。

ひとり占めなんて言わないで

「秋なす・秋さばは嫁に食わすな」とは、何ということでしょう（笑）。
しっかりと脂がのった秋さばは格別な海のごちそう。
ふっくらと熟して芳醇な香りのいちじくと合わせたひと皿に。
ほらね、みんなで食べたほうがやっぱりおいしい。

さばを塩で締める

白ワインビネガーで締める。ビネガーが全体に
いきわたるようにキッチンペーパーをかぶせる

薄皮を取り除く

炙り〆鯖と無花果
（あぶりしめさばといちじく）

材料（2人分）
さば（刺身用・三枚おろし）…… 半身
塩 …… 適量
白ワインビネガー …… 適量
いちじく …… 1個
レモン汁 …… 小さじ1
ディル …… 適量

※アニサキスには十分注意してください。
厚生労働省ではアニサキス症予防として、新
鮮な魚を選び、すみやかに内臓を取り除き、
目視で確認すること、また冷凍（－20℃で
24時間以上）することなどを挙げています。

1 さばを締める
　さばは腹骨をすき取る。バットに塩を敷き、皮目を下に
してさばをのせ、身の側にもたっぷり塩をまぶす。冷蔵
庫に入れて1時間ほど置き、塩を洗い流して水気を拭
き取る。さばが浸るくらいの白ワインビネガーに漬け、
冷蔵庫に入れて1時間ほど置く。血合いの骨を抜き、薄
皮を取り除く。
＊塩と白ワインビネガーに漬ける時間をそれぞれ変えることで、好み
の漬かり具合に調整できます。

2 いちじくの準備
　いちじくは皮をむき、くし形切りにして、レモン汁であ
える。

3 仕上げ
　さばを皮目に一筋切り目を入れながらそぎ切りにし、
皮目をバーナーで炙る。いちじくと一緒に皿に盛り付け、
ディルを散らす。

もっちりむっちり、トロけるくちどけ

江戸時代、酪農の発祥といわれる南房総の嶺岡牧場で生まれた料理です。
豆腐という名前ですが、大豆ではなく主に乳製品と吉野葛を使います。
秋の新いくらは特別に皮が薄くやさしい味わいなので、
クリーミーな豆腐にのせれば、お口の中が幸せでいっぱい。

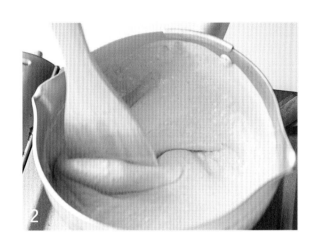

いくらをのせた嶺岡豆腐

材料（作りやすい分量）
いくら（しょうゆ漬け）…… 大さじ4
牛乳 …… 3/4 カップ
生クリーム …… 1/4 カップ
吉野葛 …… 20g
練りごま（白）…… 小さじ1

【出汁じょうゆ】（作りやすい分量）
しょうゆ …… 小さじ2
出汁 …… 小さじ2

1 材料を合わせる
鍋に牛乳と生クリームを入れ、吉野葛と練りごまを加えて溶かす。

2 練り上げる
鍋を中火にかけて、ヘラでかき混ぜながら加熱する。とろりとして固まり始めたら弱火にして、もったりとするまで練り、容器に移して冷蔵庫で冷やす。
＊とろりとしてきたら焦げやすくなるので、絶えず鍋底から、かき混ぜて練り上げます。

3 出汁じょうゆを準備する
しょうゆと出汁を合わせる。

4 仕上げ
豆腐をすくって器に盛り、いくらをのせて出汁じょうゆを適量かける。

みんなが集まればフィンガーフードが大活躍！

柿は栄養価が高く、二日酔いにも効果的。すてき。
ナッツの満足感でおいしく健康的なおつまみに。
真っ赤に色付いたりんごを手にすると、秋になったなぁと感じます。

柿バターと
カシューナッツのカナッペ

材料（約10個分）

柿 …… 1個

A
- 砂糖 …… 大さじ3
- レモン汁 …… 小さじ1
- ラム酒 …… 小さじ2

バター …… 120g
バゲット …… 1/2本
カシューナッツ …… 適量
粗塩 …… 適量

● 下準備
バターを常温に置いてやわらかくする。

1 カシューナッツの準備
カシューナッツは180℃に予熱したオーブンで数分乾煎りする。

2 柿を煮る
柿の皮をむき、種を除いて粗みじんに切る。Aと一緒に鍋に入れて弱火にかけ、混ぜながら15分ほど、とろみが出るまで煮詰める。粗熱をとり冷蔵庫で冷やす。
＊柿は水分量がまちまちなので、様子を見ながら煮る時間を調整してください。

3 バターと柿をあえる
常温に置いてクリーム状になるまでやわらかくしたバターと柿を混ぜ合わせる。

4 仕上げ
バゲットを薄く切り、柿バターをのせてカシューナッツを飾り、粗塩を振る。

林檎のコンポートと
アボカドのカナッペ

材料（約10個分）

りんご …… 1/2個

A
- 白ワイン …… 大さじ3
- 水 …… 3/4カップ
- レモン汁 …… 小さじ1
- 砂糖 …… 大さじ2
- 蜂蜜 …… 大さじ1
- レモングラス …… 数本

アボカド …… 1/2個
レモンドレッシング（P13参照）…… 大さじ2
マスカルポーネチーズ …… 100g
バゲット …… 1/2本
ピンクペッパー …… 適量

1 りんごのコンポートを作る
りんごは皮ごとくし形に切り、芯と種を取り除き、Aと一緒に鍋に入れる。落としぶたをし中火にかけ、煮立ったら弱火にし15分ほど煮て、冷蔵庫で冷やす。汁気をきって皮をむき、薄切りにする。
＊りんごは皮ごと煮て冷やすと、実に皮の色が移ります。赤いりんごを使ってください。

2 アボカドの準備
アボカドは種を除いて皮をむき薄切りにして、レモンドレッシングをかけておく。

3 仕上げ
バゲットを薄く切り、マスカルポーネチーズを塗り、アボカド、りんごをのせて、レモンドレッシング（分量外）をかけ、ピンクペッパーを散らす。

お家でできる、憧れの料亭の味

ぎんなんはそのひと粒で秋の訪れを感じさせてくれますね。
上品な甘さと繊細なうま味の甘だいを合わせて、かぶら蒸しにチャレンジ。
かぶの水分を程よくきることで味が決まります。
銀あんがかかったら、ふわふわのできたてを召し上がれ。

銀杏と甘鯛の蕪蒸し

材料（2人分）

甘だい（切り身）…… 1切れ

ぎんなん …… 6個

かぶ …… 2個

卵白 …… 1/2個

酒 …… 適量

塩 …… 各適量

●銀あん

A
[出汁 …… 1/2カップ
酒 …… 小さじ1
薄口しょうゆ …… 小さじ1/3
塩 …… 適量]

水溶きかたくり粉 …… 小さじ2

（かたくり粉を同量の水で溶いたもの）

1 ぎんなんと甘だいの準備

ぎんなんは殻から取り出し、水に浸けて薄皮をむき、熱湯で数分下ゆでする。甘だいは骨があれば取り除く。湯を沸かして甘だいをくぐらせて冷水に取り、うろこなどが付いていれば取り除く。水気を拭いて半分に切り、塩と酒を振って下味を付けておく。

2 かぶの準備

かぶは皮をむいてすりおろし、ざるに上げ水気をきる。ボウルに卵白と塩を入れて混ぜ、かぶを加えてさらに混ぜ合わせる。

＊かぶと卵白を合わせたら、時間を置かずに蒸し上げます。

3 蒸す

器に甘だいを入れ、2をかけ、ぎんなんをのせる。蒸気の上がった蒸し器で8分ほど火が通るまで蒸す。

4 仕上げ

蒸している間に銀あんを用意する。鍋にAを入れて沸かし、水溶きかたくり粉を加えて、とろみがつくまで火にかける。3が蒸し上がったら、銀あんをかける。

華やかな香りが食欲の秋を彩る

パエリヤやブイヤベースにも使われるサフランは魚介類と好相性。
甘味とうま味を凝縮したほたてと、出汁で下味を付けた里いもを合わせます。
黄金色のサフランクリームソースに絡めて盛り付ければ、
お皿の上に満月が昇るようです。

2

帆立と里芋のサフランクリームソース

材料（2人分）
ほたて貝柱 …… 6 個
里いも …… 3 個
サフラン …… ひとつまみ
水 …… 大さじ 2
出汁 …… 1 カップ
みりん …… 大さじ 1
薄口しょうゆ …… 大さじ 1
生クリーム …… 大さじ 4
サラダ油 …… 大さじ 1
バター …… 大さじ 1
小麦粉 …… 適量
塩 …… 各適量

1　里いもの準備
里いもの皮をむき鍋に入れ、かぶるくらいの水を入れて中火にかける。沸騰したら弱火にして数分ゆで、水にさらしてぬめりを取り、ほたてと同じくらいの大きさに切る。鍋に里いもと出汁を入れて中火にかけ、沸騰したらみりんと薄口しょうゆを加えて、弱火にしてやわらかくなるまで煮る。火を止めて、一度冷まして味を含ませる。

＊里いもを出汁で煮て、薄めに味を含ませてから調理することで、おいしく仕上がります。

2　サフランの準備
サフランに分量の水を加えて色を出す。

3　ほたて貝柱の準備
ほたてに塩を振り、小麦粉を薄く振りかけておく。

4　仕上げ
フライパンにサラダ油とバターを入れて中火にかけ、ほたてと汁気をきった里いもを入れて 3 分ほど焼き、焼き色が付いたら裏返して焼き上げ、取り出す。続けてサフランを水ごと入れ、生クリームを加えてとろみがつくまで煮詰め、塩で味を調えてソースにする。皿にソースを敷き、盛り付ける。

ひかえおろう！　きのこの王様、ここにあり

芳醇な香りから人気の高いポルチーニ茸。
戻し汁を活用することで、乾燥でも十分に味が引き出せます。
秋さけは脂が少なくあっさりした味わいなので、
きのこのうま味たっぷりの濃厚なソースが相性抜群です。

ポルチーニ茸をぬるま湯で戻す（下準備）

秋鮭とポルチーニ茸の
マスタードクリームソース

材料（2人分）

秋さけ（切り身）…… 2 切れ
ポルチーニ茸（乾燥）…… 20g
ポルチーニ茸の戻し汁 …… 大さじ 2
生クリーム …… 大さじ 4
粒マスタード …… 小さじ 1
サラダ油 …… 大さじ 1
バター …… 大さじ 1
小麦粉 …… 適量
塩 …… 各適量
黒こしょう …… 適量

● 下準備

ポルチーニ茸をぬるま湯（分量外）に 30 分ほど浸けて
戻す。

1 ポルチーニ茸の準備

ポルチーニ茸と戻し汁とに分け、汁はこして汚れを取り
除いておく。

＊乾燥ポルチーニ茸は、戻し汁も一緒に使うと風味豊かになります。

2 焼く

秋さけの切り身全体に塩を振って、小麦粉を薄く振る。
フライパンにサラダ油とバターを入れて中火にかけ、皮
目から 3 分ほど焼いて、焼き色が付いたら裏返し、2 分
ほど焼いて中まで火を通したら取り出す。ポルチーニ茸、
戻し汁、生クリーム、粒マスタードを加え、とろみが付
くまで煮詰め、塩で味を調えてソースにする。

3 仕上げ

皿にポルチーニ茸のソースを敷いて、秋さけを盛り付け、
黒こしょうを振る。

塩焼きも良いけれど、
ワイン好きにはこのレシピ！

秋の味覚の代表といえば、「さんま」ですよね。
さつまいもと合わせた香草パン粉焼きをご紹介します。
脂がのったさんまと、にんにくとハーブが香るおいもの甘じょっぱさ。
どこから食べてもワインが欲しくなるひと皿です。

秋刀魚とさつま芋の
ペルシャード

材料（2人分）
さんま（三枚おろし）…… 2尾分
さつまいも …… 1本
マスタード …… 適量
塩 …… 適量

【ペルシャード】（作りやすい分量）
パン粉 …… 25g
パセリ …… 1枝
タイム …… 数本
ローズマリー …… 1枝
にんにく（すりおろし）…… 小さじ 1/2
オリーブオイル …… 小さじ1

1 さつまいもの準備
鍋にさつまいもと、かぶるくらいの水を入れて中火にかけ、沸騰したら弱火にして、やわらかくなるまでゆでる。鍋から取り出して冷まし、2cm厚さの輪切りにする。

2 ペルシャードを作る
フードプロセッサーにペルシャードの材料を入れて攪拌する。

3 さんまの準備
さんまは腹骨をすき取り、長さを半分に切る。

4 仕上げ
さんまとさつまいもに塩を振ってバットに並べ、マスタードを薄く塗り、ペルシャードを付ける。220℃に予熱したオーブンで6分ほど焼き、皿に盛り付け、ローズマリー（分量外）を散らす。

食欲の秋。テーブルに赤・茶・黄のもみじ色

バターナッツかぼちゃは繊維がきめ細かいので、
ペースト状にすると濃厚で滑らかなソースになります。
えびは頭付きでグリルすることで、風味が格段にアップ。
濃厚なうま味がまいたけとソースに絡んで、もう、たまらん。

海老と舞茸のグリル
バターナッツかぼちゃのソース

材料（2人分）
有頭えび …… 4匹
まいたけ …… 1パック
サラダ油 …… 大さじ1
バター …… 大さじ1
かたくり粉 …… 大さじ1
塩 …… 適量

【バターナッツかぼちゃのソース】
（作りやすい分量）
バターナッツかぼちゃ …… 1/2個
玉ねぎ …… 1/4個
水 …… 3/4カップ
牛乳 …… 大さじ2
生クリーム …… 大さじ1
サラダ油 …… 大さじ1
バター …… 大さじ1
塩 …… 適量

バターナッツ
かぼちゃ

1 **バターナッツかぼちゃのソースを作る**
バターナッツかぼちゃはワタと皮を取り除き、3cm角に切る。玉ねぎは薄切りにする。鍋にサラダ油を入れて中火にかけ、玉ねぎをしんなりするまで炒め、バターとかぼちゃを加え、全体がなじむくらい炒める。水を加えて落としぶたをして、煮立ったら弱火にしてやわらかくなるまで煮る。粗熱をとってミキサーに移し、滑らかになるまで攪拌し、鍋に戻して牛乳と生クリームを加えて温め、塩で味を調える。

2 **えびの下処理とまいたけの準備**
えびはヒゲと尾の先を切りそろえ、頭と尾を残して殻をむく。背ワタを取り除き、かたくり粉をまぶしてよくもみ込み、水で洗う。水気をきって、塩を振る。まいたけは食べやすい大きさに手でさいておく。

3 **仕上げ**
フライパンにサラダ油を入れて中火にかけ、えびを入れて3分ほど焼き、焼き色が付いたら裏返して、まいたけとバターを加え、えびとまいたけに火が通ったらそれぞれ取り出す。続けて1のソースを適量入れて温める。皿にソースを敷き、まいたけとえびをのせる。

遅く起きた週末のブランチにいかがでしょうか？

カリカリに焼けたパンと、ベシャメルソース。
とろけるチーズとスモークサーモンの塩味がやさしい。
新鮮な空気を深呼吸して、おでかけしましょ。
きっと今日も楽しいことが待っている！

スモークサーモンのクロックマダム

材料（2個分）
スモークサーモン …… 4枚
パン（カンパーニュ）…… 4切れ
バター …… 小さじ2
●ベシャメルソース
　バター …… 大さじ1
　小麦粉 …… 大さじ1
　生クリーム …… 大さじ1
　牛乳 …… 1/2カップ
　塩 …… 適量
シュレッドチーズ …… 大さじ4

卵 …… 2個
サラダ油（目玉焼き用）…… 小さじ1
塩 …… 適量
ルッコラ …… 適量

1 ベシャメルソースを作る
鍋にバターを入れ弱火で溶かし、小麦粉を加えて2分ほど炒める。生クリームと牛乳を少しずつ加えながら混ぜ、塩で味を調える。

2 サンドイッチを作る
パンの片面にバターを塗り、ベシャメルソースの1/4量を塗り、スモークサーモンを1枚のせ、もう1枚のパンでサンドする。サンドの上に1/4量のベシャメルソースを塗り、シュレッドチーズをかけて、220℃に予熱したオーブンで5分ほど、焼き色が付くまで焼く。

3 仕上げ
オーブンでパンを焼く間に、目玉焼きを焼いておく。皿に焼き上がったパンをのせ、スモークサーモンと目玉焼きをのせて塩を振り、ルッコラを添える。

秋の夜長はピノノワールが飲みたいな

フレンチの定番、鴨肉をお家でおいしく焼いてみましょう。
表面にしっかりと焼き色を付けることで肉本来のうま味を逃がしません。
ホクホクに揚げたての栗と、滋味深いきのこのソースを添えれば、
おいしくておいしくておいしくて、ついつい飲みすぎちゃう。

鴨胸肉のグリルと栗の渋皮揚げ　茸のソース

材料（2人分）

鴨胸肉 …… 1枚
塩 …… 適量
●きのこのソース
　しいたけ …… 2個
　まいたけ …… 1パック
　マッシュルーム …… 1パック
　にんにく（すりおろし）…… 適量
　生クリーム …… 大さじ3
　赤ワイン …… 大さじ2
　サラダ油 …… 大さじ2
　バター …… 大さじ2
　塩 …… 適量

栗 …… 10個
揚げ油 …… 適量
塩 …… 適量

※写真は1人分です。

1 きのこのソースを作る

しいたけは石づきを除き、まいたけ、マッシュルームとともに炒めやすい大きさに切る。鍋にサラダ油、にんにくを入れて中火にかけ、香りが出たらきのこを加える。しんなりするまで炒めたら赤ワインを加え、アルコールを飛ばし、バター、生クリーム、塩を加えてさらに数分炒める。粗熱をとってミキサーに移し、滑らかになるまで攪拌する。

2 栗を揚げる

栗の鬼皮をむき、160℃の油で揚げる。竹串がすっと通ったら油をきり、塩を振る。

3 鴨を焼く

鴨胸肉は、筋や羽が付いていれば取り除く。皮目に5mm間隔に切り目を入れ、半分に切り、全体に塩を振る。フライパンを中火にかけ、鴨肉を皮目から入れ、余分な脂が出てきたら拭き取りながら焼く。きれいな焼き色が付いたら裏返して、中に火が通るまで焼き、アルミホイルに包んで温かい場所で休ませる。

4 仕上げ

鴨肉を焼いていたフライパンの余分な脂を拭き取り、きのこのソースを入れて温める。揚げた栗とソースを皿に盛り、鴨肉を切ってのせる。

ペイザナ農事組合法人の小山田幸紀さん（右）と
松岡数人さん（下）

ワイン醸造家と一緒に
お米を作っています

　山梨県甲州市の塩山竹森という、山に囲まれて気持ちのよい風が吹
く、山間部の入り口にある棚田で、2020年からお米を作っています。

　きっかけは、ワイン生産をしている「ペイザナ農事組合法人」の皆
さんが管理する田んぼのお手伝いしていたときに、「いくつか連なっ
ている田んぼを借り受けるけど、そのうちの小さい区画で米作りを
やってみる？」と誘われたこと。数年前まで稲作をしていた方がやめ
てしまった土地を引き受けたそうで、今では地元の方にも「もう一度
美しい稲の風景が見られてうれしい」と喜ばれているそうです。

自分たちは任された区画の作業をするため、月1回程度のペースで通っています（細かい水量の管理などはワイン生産者さんが見てくださっているおかげで、何とか続けさせていただいております）。冬は今季の補修と来季のための土作り。春は種まきと田植え。夏は草取り！草取り！！（人生最大級の筋肉痛が味わえます）　そして実りの秋に収穫と脱穀を経て、晴れてピカピカの新米を手にすることができます。本当にうちのお米が世界一おいしいですよ。

「自然はウソをつかない」とも教わりました。無農薬栽培のお米は除草剤も使わないので手入れが大変ですが、その分やりがいもあります。手をかければそれに応じて収穫量が増えるものですから。何よりも年間通じて通うことで、知識が「生きた経験」として自分たちに積み重なっていくのがとても楽しい。田んぼの土に足を取られて盛大にどっすん、尻もちなんていうのも、キラキラした尊い体験です。汗だくになって作業するうちに自分が自然と同化するような錯覚をします。「農」に触れることで、お米に限らず、お店で扱う食材やワインへの気持ちもいっそう慈しみ深いものとなりました。

冬の料理

もみの木が躍るクリスマス。はるか空に星の瞬く季節。
チーズ焼き、グラタン、クリームコロッケなど、
心も身体も温まる、ほっこりおいしい 15 品の冬レシピ。
時間をかけて煮込む料理も冬ならではですね。

スープ

蕪と林檎のポタージュ

冷　菜

洋梨とアンディーブ　ロックフォールチーズのサラダ

金時人参と伊予柑のキャロットラペ

金柑の蜜煮とブリアサヴァラン

柚子大根

芹と牛蒡の胡麻和え

寒鰤と春菊のカルパッチョ

鶏肉とレバーのペースト　柚子のコンフィチュール

温　菜

牡蠣と下仁田葱のゴルゴンゾーラチーズ焼き

真鱈と白子とカリフラワーのグラタン

真蛸と海老芋の炊いたん

牛すじ肉と九条葱の煮込み

百合根と蟹味噌の玉子とじ

ずわい蟹のクリームコロッケ

メインディッシュ

牛ほほ肉の赤ワイン煮込み

ワインに合う。冬の味覚のごちそうスープ

ちょっと意外な組み合わせですよね？
りんごは消化もよく栄養価も高い果物です。
かぶの奥ゆかしい甘さと合わせれば、
ほっこり優しいおいしさに身体も温まります。

かぶの葉ソースを垂らす（仕上げ）

蕪と林檎のポタージュ

材料（作りやすい分量）
小かぶ …… 2個
りんご（小玉）…… 1個
ベーコン …… 30g
水 …… 1/2カップ
牛乳 …… 1/2カップ
生クリーム …… 大さじ1
サラダ油 …… 大さじ1
塩 …… 適量

【かぶの葉ソース】（作りやすい分量）
小かぶの葉 …… 2個分
出汁 …… 1/4カップ程度
塩 …… 適量

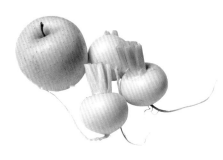

1 **材料の準備**
　小かぶはそのまま、りんごは皮をむいて、それぞれ3cm
　角の大きさに切る。ベーコンは短冊切りにする。

2 **スープを作る**
　鍋にサラダ油を入れて中火にかけ、ベーコンを軽く炒め
　る。小かぶ、りんご、水を加えて、沸騰したら弱火にし、
　ふたをして15分ほどやわらかくなるまで蒸し煮にする。
　粗熱をとってミキサーに移し、牛乳、生クリーム、塩を
　加えて、滑らかになるまで攪拌する。

3 **かぶの葉ソースを作る**
　小かぶの葉をゆで、出汁と一緒にミルサーにかけ、塩を
　加えて味を調える。
　＊かぶの葉ソースは色が薄い茎の部分を取り除くと、緑色が鮮やかに
　　仕上がります。

4 **仕上げ**
　スープを鍋に移し、弱火で温めて器に盛り、ソースを適
　量垂らす。

101

aのソース（仕上がり）

アンディーブ

bのソース（仕上がり）

" シュクレ・サレ " って魔法の言葉

追熟して芳醇な香りが出てきたら、洋梨は食べ頃です。
アンディーブのサクサクとした食感とホロ苦さが味を引き締めます。
フランス語で「甘い・しょっぱい」を意味するシュクレ・サレ。
洋梨のとろけるような甘さとチーズの塩味の絶品おつまみ、お試しください。

洋梨とアンディーブ
ロックフォールチーズのサラダ

材料（2人分）
洋梨 …… 1/2 個
アンディーブ（白・赤）…… 各 1/2 個
ピーカンナッツ …… 適量

【aのソース】（作りやすい分量）
卵黄 …… 1/2 個
白ワインビネガー …… 小さじ 2
マスタード …… 適量
塩 …… 適量
オリーブオイル …… 大さじ 2

【bのソース】（作りやすい分量）
ロックフォールチーズ …… 10g
生クリーム …… 大さじ 2

セルフィーユ …… 適量
黒こしょう …… 適量

1 a・bのソースの準備

ボウルにaのソースのオリーブオイル以外の材料を入れて、泡立て器でよく混ぜ合わせる。オリーブオイルを少しずつ加えながら混ぜる。別のボウルにbのソースの材料を入れて、泡立て器で混ぜながらクリーム状になるまで泡立てる。

＊aのソースは、卵黄に油をほんの少しずつ入れることがうまく乳化させるコツです。bのソースのロックフォールチーズは、常温に戻してやわらかくしてから混ぜると、きれいに仕上がります。

2 材料の準備

洋梨は皮をむいて食べやすい厚みのくし形切りにする。アンディーブは葉を1枚ずつはがす。ピーカンナッツは、180℃に予熱したオーブンで数分乾煎りする。

3 仕上げ

皿に洋梨とアンディーブを盛り付け、aのソースを適量かける。bのソースを適量かけて、ピーカンナッツを散らし、セルフィーユを飾って、黒こしょうを振る。

103

冬こそ食卓に取り入れたいビタミンカラー

やわらかく甘味が強い金時にんじんは京都のお正月の定番。
だんだん味が染みていきますので、作り置きにも最適です！
爽やかな香りのいよかんがワインとの架け橋になりますよ。

金時人参と伊予柑のキャロットラペ

材料（作りやすい分量）
金時にんじん …… 1/2 本
にんじん …… 1/2 本
いよかん …… 1 個
A ┌ 砂糖 …… 大さじ 1
　│ 塩 …… 適量
　│ 白ワインビネガー …… 大さじ 2
　└ オリーブオイル …… 小さじ 1

1 材料の準備
金時にんじんとにんじんは、皮をむいて千切りにする。いよかんは薄皮をむいて、実を食べやすい大きさに割っておく。

2 あえる
ボウルに A を入れて混ぜておく。金時にんじんとにんじんを加えてあえ、いよかんを加えて軽くあえる。冷蔵庫でよく冷やして、皿に盛り付ける。

金時にんじん（左）と
にんじん（右）の千切り

ぎゅぎゅっと柑橘。苦味と甘味の黄金比

生のまま食べられる金柑も蜜煮にすればもっと風味豊かに。
半分に切って種を取れば、あとは煮込むだけ。
美食家の名の付いたチーズに添えて"美味礼賛"。

金柑の蜜煮とブリアサヴァラン

材料 (作りやすい分量)
金柑 …… 1 パック
白ワイン …… 1/4 カップ
砂糖 …… 大さじ 2
蜂蜜 …… 大さじ 2
ブリアサヴァラン …… 100g

1 金柑の準備
金柑はへたを取り、沸騰したお湯で 1 分ほどゆでて水に
さらす。横半分に切って種を取り除く。

2 煮る
鍋に金柑を入れて白ワインを加え、水 (分量外) をひた
ひたに注ぎ、中火にかけて沸騰したら弱火にして 10 分
ほど煮てアクを取り、砂糖と蜂蜜を加え、落としぶたを
して、さらに 10 分ほど煮て冷ます。

＊大きい鍋で煮ると水の量が多くなりすぎるので、金柑が鍋底にちょ
うどおさまるくらいの大きさの鍋で煮上げます。

3 仕上げ
皿にブリアサヴァランと金柑を盛り付ける。

おばんざい料理から冬の小鉢を食卓に

ゆずの香りとせりの香り。日本らしい奥ゆかしさを感じます。
手間と時間をかけることが、何よりのぜいたくなごちそうです。
丁寧に生きる。健康で穏やかな毎日が一番！

柚子大根

材料（作りやすい分量）
大根 …… 1/4 本
ゆず …… 1/2 個
昆布 …… 5cm角を 1 枚

A
白ワインビネガー …… 1/4 カップ
米酢 …… 大さじ 1
ゆず果汁 …… 1/2 個分
砂糖 …… 大さじ 3
塩 …… 小さじ 1/2

1 材料の準備

大根は皮をむいて 1cm角の拍子木切りにする。ゆずはワタが入らないように皮を薄くむいて千切りにし、実は果汁を搾る。昆布は表面に汚れがあれば拭いておく。

2 漬ける

保存容器に昆布を入れておく。鍋にたっぷりの湯を沸かして、大根とゆず皮を湯通しして容器に入れる。別の鍋に A を入れてひと煮立ちさせ、容器に加え、冷蔵庫で冷やす。

3 仕上げ

ざっくり混ぜて、皿に盛り付ける。

＊数時間漬けると食べられますが、翌日はさらに味がなじんでおいしいです。

芹と牛蒡の胡麻和え

材料（作りやすい分量）
せり …… 1 束
ごぼう …… 1 本
出汁 …… 1 カップ
みりん …… 大さじ 1
薄口しょうゆ …… 大さじ 1
●あえ衣
白ごま …… 大さじ 3
砂糖 …… 小さじ 2
しょうゆ …… 大さじ 1 弱
出汁 …… 小さじ 1/2

1 材料の準備

せりは根をよく洗い、熱湯で根からゆでて水にさらし、水気を絞って 4cm 長さに切る。ごぼうは泥を落として 4cm 長さに切って四つ割りにし、水にさらす。ごぼうを熱湯で数分下ゆでしてから鍋に入れ、出汁を注いで中火にかける。沸騰したら弱火にし、5 分ほど煮て、みりんと薄口しょうゆを加え、さらに 5 分ほど煮て冷ます。

＊せりの根は、きれいに土を落としてから使います。たっぷりの水に浸して、根の隙間の土も丁寧に取り除きます。

2 あえ衣を作る

白ごまを炒って、すり鉢でする。砂糖としょうゆ、出汁を加えて混ぜ合わせる。

3 仕上げ

せりと汁気をきったごぼうをすり鉢に加えてあえ、皿に盛り付ける。

今だけ！　ごちそう霜降りカルパッチョ

まるまる太った冬の「寒ぶり」は脂ものってうま味がたっぷり。
春菊は生で食べるほうが栄養素を余すことなく摂取できます。
ポイントは仕上げにキュッとレモンをひと搾り。
タンパク質×緑黄色野菜×ビタミンCの相乗効果で風邪知らず。

玉ねぎ（みじん切り）
オリーブオイル
白ワイン
ビネガー
砂糖
塩
ピクルス
（みじん切り）
しょうが
（すりおろし）
マスタード

a のソースの材料　※分量はレシピの材料欄をご参照ください

寒鰤と春菊の
カルパッチョ

かんぶり

材料（2人分）
寒ぶり（刺身用）…… 80g
春菊 …… 1/3 束

【a のソース】（作りやすい分量）
玉ねぎ（みじん切り）…… 大さじ 2
ピクルス（みじん切り）…… 大さじ 1
しょうが（すりおろし）…… 小さじ 1/3 弱
マスタード …… 小さじ 1/2 弱
砂糖 …… ひとつまみ
塩 …… 適量
白ワインビネガー …… 大さじ 1
オリーブオイル …… 大さじ 2

オリーブオイル（仕上げ用）…… 適量
レモン（くし形切り）…… 1 切れ

※ピクルスはお好みのもので。左の写真はきゅうり、
　パプリカ（赤・黄）、にんじん、かぶのピクルス
　を使用しています。

玉ねぎ、ピクル
ス、しょうがを
入れる

調味料を加えて
混ぜる

オリーブオイル
を少しずつ加え
て混ぜる

1 a のソースの準備
みじん切りにした玉ねぎを水にさらし、水気を
絞っておく。ボウルに a のソースのオリーブオ
イル以外の材料を入れて混ぜ、オリーブオイル
を少しずつ加えながら混ぜる。

2 材料の準備
ぶりは薄く切る。春菊は葉を摘んで、食べやす
い大きさにちぎる（太い茎は使わない）。
＊春菊は根元を切り直して水にさらし、シャキッとさせてか
　ら葉を摘みます。

3 仕上げ
皿にぶりと春菊を盛り付け、a のソースを適量
かけ、オリーブオイルをかけてレモンを搾る。

レバーがもっと好きになる。絶品おつまみペースト

鶏肉とレバーを合わせることで、まろやかにしっとりと仕上げます。
そのままでも、パンにのせても、ワイン泥棒な一品。
香りのよいゆずのコンフィチュールは常備しておくと、
普段の料理にもちょっとしたアクセントになります。

鶏肉とレバーのペースト
柚子のコンフィチュール

材料 (作りやすい分量)

鶏もも肉 …… 1/2 枚
鶏レバー …… 100g
玉ねぎ …… 1/4 個
にんにく（みじん切り）…… 小さじ 1/2
ローズマリー（葉のみ）…… 1 枝分
白ワイン …… 大さじ 2
生クリーム …… 大さじ 2
バター …… 大さじ 2
サラダ油 …… 大さじ 2
塩 …… 小さじ 1/2 弱
黒こしょう …… 適量
小麦粉 …… 大さじ 1

ゆずのコンフィチュール（下記参照）
　…… 適量
パン（カンパーニュ）…… 適宜

1 材料の準備

鶏もも肉は半分に切る。レバーは脂があれば取り除き、2〜3等分に切って塩水（分量外）で血抜きし、流水で洗い、水気をきる。鶏もも肉とレバーに塩、黒こしょうを振り、小麦粉をまぶす。玉ねぎは薄切りにする。

2 焼く

フライパンにサラダ油1/3量を入れて中火にかけ、玉ねぎを透き通るまで炒めて取り出す。続けてフライパンにサラダ油1/3量を足して中火にかけ、レバーを入れる。焼き上がる少し前に白ワインの半量を入れ、アルコールを飛ばし、レバーを取り出す。続けてフライパンにサラダ油1/3量を足して中火にかけ、鶏もも肉を入れる。焼き上がる少し前に、にんにくとローズマリーの葉を加え、香りが立ったら、白ワインの残りを加えてアルコールを飛ばし、鶏もも肉を取り出して、フライパンに生クリームを加え、ひと煮立ちさせる。

3 仕上げ

2 の材料全てとバターをフードプロセッサーで滑らかになるまで攪拌し、塩（分量外）で味を調える。保存容器に入れ、冷やし固める。皿にレバーペースト、ゆずのコンフィチュールを盛り付けてパンを添える。

■ ゆずのコンフィチュール

材料 (作りやすい分量)
ゆず …… 2 個
白ワイン …… 大さじ 1
砂糖 …… 大さじ 4

作り方

1 ゆずはワタが入らないように皮を薄くむく。実を半分に切って果汁を搾り、種を取る（種も使うので取っておく）。

*ゆずの皮と、果汁＋白ワインの重さは、大体同じくらいがよいです。

2 皮を千切りにして、たっぷりの湯で一度ゆでこぼす。

3 皮と果汁、白ワイン、砂糖を鍋に入れ、種をさらしで包んで加える。中火にかけ、沸騰したら弱火にして、とろみがつくまで煮詰める。種を取り出し、保存容器に入れて冷やす。

うまい、甘い、香ばしい！　海と畑のマリアージュ

かんだ瞬間、じゅわっと広がるうま味と磯の香り。
かきって、どうしてこんなにも心をときめかせるのでしょう。
下仁田ねぎはじっくり加熱すると、甘くトロトロの食感に。
あ、もう食べたい気持ちになりましたね（笑）。レシピはこちらです。

牡蠣と下仁田葱の
ゴルゴンゾーラチーズ焼き

材料（2人分）

かき …… 8個
下仁田ねぎ …… 2本
ゴルゴンゾーラチーズ …… 20g
生クリーム …… 1/4カップ
サラダ油 …… 大さじ1
バター …… 大さじ2
小麦粉 …… 適量
塩 …… 適量

1 材料の準備

かきは、塩水（分量外）で洗って汚れを取り除き、真水でゆすいで水気をよくきり、小麦粉を全体にまぶしておく。下仁田ねぎは白い部分を3cm幅に切る。

2 焼く

フライパンにサラダ油を入れて中火にかけ、下仁田ねぎを入れてふたをして、火が通るまで数分蒸し焼きにする。かき、ゴルゴンゾーラチーズ、バターを加えてさらに焼き、かきに焼き色が付いたら裏返して、生クリームを加える。焼き上がったかきとねぎを取り出し、フライパンに残ったソースをとろみが付くまで煮詰め、塩で味を調える。皿に盛り付ける。

＊ゴルゴンゾーラチーズは、かたまりを崩して加えると、きれいに混ざります。

ハフハフホフホフ。熱々を召し上がれ

雪のように白く、クセのない味わいの「鱈（たら）」。
白子を丁寧に下処理すれば、より上品な味に仕上がります。
チーズが溶けて、表面にこんがり焼き色が付いたら完成です。
そんなに急いで食べたら口の中をやけどしますよ。

真鱈と白子とカリフラワーのグラタン

材料（2人分）

真だら（切り身）…… 2切れ
真だらの白子 …… 100g
カリフラワー …… 1/8個
サラダ油 …… 大さじ1強
小麦粉 …… 適量
塩 …… 各適量
● ベシャメルソース
　 バター …… 大さじ2
　 小麦粉 …… 大さじ2
　 生クリーム …… 大さじ2
　 牛乳 …… 1カップ
　 塩 …… 適量
シュレッドチーズ …… 40g

1 ベシャメルソースを作る

鍋にバターを入れ弱火で溶かし、小麦粉を加えて2分ほど炒める。生クリームと牛乳を少しずつ加えながら混ぜ、塩で味を調える。

2 材料の準備

真だらは骨を取り除き、4等分にする。白子は食べやすい大きさに切る。湯を沸かして、真だらと白子をサッとくぐらせ、水気をきって、塩を振り、小麦粉をまぶす。カリフラワーは小房に分け、熱湯で2分ほど下ゆでし、水気をきっておく。

3 炒める

フライパンにサラダ油を入れて中火にかけ、真だらと白子を入れて2分ほど焼き、焼き目が付いたら裏返して、カリフラワーを加えて一緒に焼き、ベシャメルソースを加えて、塩で味を調える。

4 仕上げ

耐熱容器に移してシュレッドチーズをかけ、220℃に予熱したオーブンで5分ほど、焼き色が付くまで焼く。

世の中のいもが全部、えびいもになったらよいのに

えびいもは肉質がきめ細かく、煮崩れしにくいのが特徴です。
真だことえびいもを別々の鍋で時間をかけてゆっくり加熱することで
きれいな色を損なわずに、やわらかく煮上がります。
ひと口で、心ほころぶ温かさをどうぞ。

真蛸と海老芋の炊いたん

材料（作りやすい分量）

真だこ足（ボイル）…… 4本

A
- 出汁 …… 1と1/2カップ
- 酒 …… 大さじ2
- みりん …… 大さじ1
- 砂糖 …… ひとつまみ
- しょうゆ …… 大さじ2

えびいも …… 1〜2個
出汁 …… 1と1/2カップ

B
- みりん …… 大さじ1
- 砂糖 …… ひとつまみ
- 薄口しょうゆ …… 大さじ1
- 塩 …… 適量

1 材料の準備

真だこは足を切り分ける。えびいもは皮をむいて、大きければ切り分けて鍋に入れ、かぶるくらいの水を加えて中火にかける。沸騰したら弱火にし数分ゆでて、水にさらしてぬめりを取り、水気をきる。

2 煮る

鍋にAを入れて中火にかける。沸騰したら弱火にして、真だこを入れ、落としぶたをして20分ほどやわらかくなるまで煮込む。別の鍋にえびいもと出汁を入れて中火にかける。沸騰したら弱火にし、10分ほどやわらかくなるまで煮て、Bを加えて5分ほど煮たら火を止め、味を含ませる。

3 仕上げ

温め直して皿に盛り付ける。

真だこ（煮上がり）

えびいも（煮上がり）

2

煮上がった牛すじ肉

DNA に訴えかける、出汁としょうゆのうま味と香り

おでんに牛すじは入りますか？　関西育ちの私は迷わず「イエス」。
ゆっくり時間をかけた牛すじのトロトロの食感が大好きです。
冬の九条ねぎはいっそう甘味が増して煮物にぴったり。
あぁ、日本人に生まれてきてよかった。

1　余分な脂を取り除く

2　食べやすい大きさに切る

牛すじ肉と九条葱の煮込み

材料（作りやすい分量）

牛すじ肉 …… 500g
九条ねぎ …… 1/2 束
出汁 …… 1 カップ
水 …… 1 カップ
みりん …… 大さじ 2
薄口しょうゆ …… 大さじ 2
塩 …… 適量

1　牛すじ肉の準備

牛すじ肉は余分な脂や硬すぎる筋があれば取り除く。たっぷりの湯を沸かして牛すじ肉を入れ、アクを取りながら 5 分ほどゆでる。水にさらして流水で洗い、硬すぎるところは取り除く。アクが多ければ、もう一度繰り返す。

2　煮る

きれいになった牛すじ肉を食べやすい大きさに切り、鍋に入れ、出汁と分量の水を加えて中火にかける。沸騰したら弱火にして 1 時間以上、水分が減ったら減った分の水（分量外）を足しながら、やわらかくなるまで煮込む。みりん、薄口しょうゆを加えてさらに 15 分ほど煮込み、塩で味を調える。

＊牛すじ肉は、部位により硬さがかなり違うので、ものにより煮込み
　時間が変わります。

3　九条ねぎの準備

九条ねぎを、5cm 長さに切っておく。

4　仕上げ

九条ねぎを牛すじ肉の鍋に加え、温めて皿に盛り付ける。

Aを注ぎ、かにみそを入れる

リリィランラン♪　たまごＬＯＶＥ

ホクホクとしたゆり根の食感とふるふる卵の一品。
ゆり根は少し硬めに下ゆですると、調理の際に形がきれいに残ります。
かにのうま味が詰まったかにみそを入れることで、味に深みが出て、
ワインはもちろん、日本酒や紹興酒ともよく合います。

百合根と蟹味噌の玉子とじ

材料（2人分）
ゆり根 …… 1個
かにみそ …… 50g

A ┌ 卵 …… 4個
　│ 出汁 …… 大さじ 2
　│ 生クリーム …… 大さじ 2
　└ 塩 …… 適量

サラダ油 …… 大さじ 1
バター …… 大さじ 1
パルミジャーノチーズ …… 適量

1 ゆり根の準備
ゆり根はりん片を外して汚れを落とし、変色している部分は包丁で落とす。沸騰した湯で1分ほどゆで、冷水に取り水気をきる。

2 焼く
ボウルにAを入れて混ぜ合わせておく。フライパンにサラダ油、バター、ゆり根を入れて中火にかけ、ゆり根に火が通ったらAとかにみそを入れて、好みの焼き加減になったら皿に盛る。

3 仕上げ
パルミジャーノチーズを全体にすりおろしながらかける。

思い出の洋食屋さんの味をご家庭で

家庭料理のハードルが高そうなクリームコロッケですが、
ポイントを押さえて作れば、失敗せずに揚げたてをおいしく味わえます。
衣はサクサクッと、中から、かにたっぷりのクリームがとろーり。
さぁ、温かいうちにいただきましょう。

ずわい蟹のクリームコロッケ

材料（8個分）

ずわいがに（ほぐし身）…… 80g
玉ねぎ …… 1/2 個
バター …… 大さじ 3
小麦粉 …… 大さじ 3
牛乳 …… 1 と 1/4 カップ
塩 …… 適量
黒こしょう …… 適量
●衣
　小麦粉 …… 適量
　溶き卵 …… 1 個分
　パン粉 …… 適量

揚げ油 …… 適量

1 たねの準備

玉ねぎをみじん切りにする。フライパンにバター半量を入れて中火にかけ、玉ねぎをしんなりするまで炒める。残りのバターと小麦粉を加え、さらに数分炒める。牛乳を少しずつ加えながら混ぜ、とろりと仕上げる。塩、黒こしょう、ずわいがにを加えてさらに炒め、もったりとしたら、バットに入れ、表面が乾かないうちにぴったりとラップをして、冷蔵庫で冷やし固める。

2 揚げる

8 等分にして、手にサラダ油（分量外）を付けて丸く成形し、小麦粉、溶き卵、パン粉の順に衣を付け、170℃の油で色よく揚げる。

＊クリームコロッケはじゃがいものコロッケと違い、衣がきれいに付いていないと揚げたときにすぐ破裂してしまうので、丁寧に衣を付けることが大切です。

おほっ。ホホホ。お箸でほぐれるやわらかさ

最後は、お店で一番人気の煮込み料理をご紹介させてください。
どんなときもおいしいものを食べると元気が出ますよね。
手間はかかりますが、それだけの価値がある喜びを約束します。
さぁ、ご飯にしましょう。おいしいって幸せ！

牛ほほ肉の赤ワイン煮込み

材料（作りやすい分量）
牛ほほ肉 …… 400g
玉ねぎ …… 1/2 個
にんじん …… 1/4 本
にんにく（細かいみじん切り）
　　…… 小さじ 1/2
赤ワイン …… 1 カップ
カットトマト缶 …… 1/2 カップ
赤みそ …… 小さじ 2
塩 …… 小さじ 2/3
黒こしょう …… 適量
小麦粉 …… 適量
サラダ油 …… 大さじ 2

1　材料の準備

牛ほほ肉の筋を取り、100g くらいの大きさに切る。塩、黒こしょうを振り、小麦粉をまぶしておく。玉ねぎ、にんじんは細かいみじん切りにする。

2　煮込む

鍋にサラダ油半量を入れて中火にかけ、にんにく、玉ねぎ、にんじんを焦がさないようにじっくり炒める。フライパンにサラダ油の残りを入れて中火にかけ、牛ほほ肉を入れ、全体に焼き色が付くように焼き、鍋に加える。鍋に赤ワインを注ぎ、牛ほほ肉がかぶるくらいの水（分量外）を加えて、沸騰するまで強火、あとは弱火にしてアクを取りながら 2 時間ほどじっくり煮込む。カットトマトと赤みそを加えて、さらに 1 時間ほど煮込む。火を止めていったん冷ます。

＊煮込み時間が長いので、水分が足りなくなれば水を足して、ひたひたの状態を保ちながら煮込みます。

3　仕上げ

温め返して、皿に盛り付ける。

あとがき

「10年先を考えて行動しないとだめですよ」

尊敬するワイン生産者さんに言われた言葉です。それでも、毎日を無我夢中で走り始めた開店当初には、10年後にまさか自分たちの本が出版されるなんて夢にも思いませんでした。真摯にお付き合いくださるお取引先の皆さまに支えられてお店を続けていくうちに、たくさんの出会いに恵まれて、数え切れないほどの経験を積ませていただきました。何より日頃からご愛顧くださっているお客さまには礼を尽くしても足らず、感謝の言葉もございません。

私、大久保修平の、平に修めるという名前から「水平」を意味する「LEVEL」です。バランスを取りながら中庸を心掛け、平和であたたかい店づくりを目指しています。本書を手に取ってレシピやワインについて興味をお持ちいただけたら、少し足をのばして神楽坂へお越しください。心から歓迎いたします。

世界的なパンデミックが猛威を振るっていたときも、お腹は減る。不安な気持ちに押しつぶされそうになったときでさえ、お腹がぐぅと鳴る。そしてどんなときも、おいしいものを食べるとふつふつと元気が湧いてきたのです。「あぁ、おいしいって、幸せな気持ちになれる」。

華々しい経歴はないけれど、ゆっくり誠実にやってきました。私どもの仕事が誰かの心を豊かにできるなら、これ以上にうれしいことはございません。この先の10年も「おいしいって幸せ」を心に留めて。身体健やかに、心穏やかに、笑顔の日常を。末筆ながら、皆さまのますますのご健勝とご多幸を衷心より祈念いたします。

大久保修平

著者

大久保 修平（おおくぼ・しゅうへい）
学生の頃にアルバイトで飲食の楽しさを知り、社会に出てからも飲食ひとすじ。ワインの魅力に魅せられてソムリエ資格を取得。2013 年神楽坂に「LEVEL」をオープン。主にサービス担当。
座右の銘は、苦あれば楽あり。

白神 美紀（しらが・みき）
幼少の頃から台所に立つ母の傍らで料理を手伝い基礎を教わる。16 歳から茶道と茶懐石を習い、大学で栄養士の資格を取得。「LEVEL」では主に料理を担当。
人生最後に食べたいのは、おむすび。

日仏バル LEVEL 神楽坂
東京都新宿区神楽坂 4-3 TK ビル 1F
tel.　　　　03-6280-8220
E-mail　　level@poem.ocn.ne.jp
Instagram　https://www.instagram.com/
　　　　　level_kagurazaka/

装丁・デザイン　菅家 恵美
撮影　　　　　　土居 麻紀子
スタイリング　　本郷 由紀子

レベル、食べる？
神楽坂LEVEL 四季の料理

2023年11月1日　第1刷発行

著者　　大久保 修平　白神 美紀

発行者　中島 伸
発行所　株式会社 虹有社（こうゆうしゃ）
　　　　〒112-0011
　　　　東京都文京区千石4-24-2-603
　　　　電話 03-3944-0230
　　　　FAX. 03-3944-0231
　　　　info@kohyusha.co.jp
　　　　https://www.kohyusha.co.jp
印刷・製本　シナノ印刷株式会社